U0574560

教育部国别和区域研究 2017 年度指向性课题（17GBQY015）成果

北京市属高校"青年拔尖人才"项目（CIT&TCD201404018）成果

2015 年阿拉伯研究中心自设项目（211002）成果

دراسة
في المبادئ الثقافية العربية
قبل الإسلام

肖凌 ╱ 著

# 阿拉伯固有文化研究

社会科学文献出版社
SOCIAL SCIENCES ACADEMIC PRESS (CHINA)

绪　论

21 世纪的今天，在文化多元化与经济全球化的背景下，世界各民族文化之间的交流日益频繁。阿拉伯地区因其特殊的文化构成、复杂的历史与现状、敏感的地缘位置，日益受到全球范围内研究者的关注。可以说，"阿拉伯研究"在当前的国际局势下，已成为全球性的学术研究热点，是为世人所关注的"显学"。

然而，在认识阿拉伯文化有关问题时，无论是在国内，还是在西方，尚存在着许多并不鲜见的偏见、误解与误读。自 1798 年拿破仑入侵埃及，阿拉伯地区进入"被"现代化的历史阶段，阿拉伯-伊斯兰文化在这个发展过程中经历了诸多坎坷，但一直在艰难中前行。阿拉伯-伊斯兰文化在当代所呈现的复杂性与多元性，日益为人们所关注。随着中阿交往日渐深入，我们作为阿拉伯文化的"他者"，究竟该如何认识阿拉伯文化，又该如何认识阿拉伯文化传统在现代化发展过程中所面临的困境与问题呢？

关于"现代性"或者"现代化"的话题，尽管其发展轨迹在西方文化内部也并非"铁板一块"，因为"无论从共时性来看，还是从历时性来看，现代性在西方都是一个充满紧张的思想概念，也是一个充满争议的理论问题，更是一个充满矛盾的实践课题"①，但是，一般而言，人们通常在将世界作东方、西方二元划分时，仍然倾向于认为现代性源自西

---

① 曹卫东著《权力的他者》，上海教育出版社，2004，第 159 页。

方，而东方处于"被"现代化的位置。作为世界上的发展中
地区，阿拉伯地区具备后发现代化的许多典型特征，存在着
后发现代化所具有的诸多矛盾与难题。在如何协调"外源"
性的现代化理念与"原生"的本土传统价值上，阿拉伯地区
各国在现代化进程中一直寻求着解决方案和路径。

　　众所周知，阿拉伯地区自公元 18 世纪末以来，一直遭
受着各种形式的外国军事及文化入侵，阿拉伯思想文化界因
此也在研究层面提出了阿拉伯民族文化应与时代发展相协
调。阿拉伯人发现自己正面对着一个新的欧洲，其军事、政
治、社会、法律等各个层面的文化都已达到先进发达水平，
阿拉伯人认识到了阿拉伯与欧洲文化之间的差异，外来文化
与本土文化之间自然产生了碰撞，这种碰撞产生的影响覆盖
了阿拉伯文化的各个层面。

　　这种历史性碰撞产生的问题，就是阿拉伯文化传统与现
代化的矛盾所在。而这个问题，几乎是近代以来非西方国家
和地区所普遍面临的。"西方文明既是西方的又是现代的，
而非西方文明试图成为现代的文明但是又不是西方的文
明。"①如何建设一个现代的但又非西方的现代文明，是阿
拉伯国家面临的共同问题，也是近现代以来阿拉伯地区思想
文化界一直希冀在文化和思想上解决的难题。而要解决这个

---

① 　李小兵著《现实主义：西方行为的根源》，黑龙江教育出版社，1996，
　　第 235 页。

难题，首先要搞清楚以下问题：阿拉伯文化传统是什么？阿拉伯文化传统由什么构成？所谓"阿拉伯固有文化"内涵是什么？在阿拉伯文化传统中，固有文化居于怎样的地位？阿拉伯固有文化研究的意义是什么？阿拉伯文化传统的各个组成部分之间有着怎样的地位与关系？阿拉伯固有文化具备哪些特征？为了更好地认识阿拉伯文化传统，本书试图回答以上这些问题。

## 一　"阿拉伯固有文化"的内涵

"阿拉伯固有文化"这一概念的提出，见于纳忠先生为艾哈迈德·爱敏的八册本《阿拉伯－伊斯兰文化史》所作的"译者序言"。在该序言中，在界定"阿拉伯－伊斯兰文化"的构成时，纳忠先生指出："'阿拉伯－伊斯兰文化'乃由三种文化源流汇合而成：一是阿拉伯人的固有文化；一是伊斯兰教文化；一是波斯、印度、希腊、罗马等外族的文化。"[1]

这里所指的"固有文化"有别于伊斯兰教诞生后的阿拉伯文化，在时间上为伊斯兰教诞生前约两个世纪。这一时

[1]　"译者序言"，载〔埃及〕艾哈迈德·爱敏著《阿拉伯－伊斯兰文化史》（第一册），纳忠译，商务印书馆，1982，第3页。

期，在历史上通常被称为"蒙昧时代"，或用"蒙昧"一词的阿拉伯语音译"贾希利叶"（也可称为"贾希里亚"）来称呼，即将该段历史时期称为"贾希利叶"时期。那么，为什么本书要选用"固有文化"，而没有选用"蒙昧时代的文化"这种表达呢？ 史学家们之所以用"蒙昧"或"贾希利叶"来称呼和描述该段历史，并不是指当时的人们"蒙昧无知"，而主要是为了更加鲜明地强调伊斯兰教兴起后带给阿拉伯文化的影响与变化，突出伊斯兰教文化传统在阿拉伯－伊斯兰文化传统中的核心地位。不可否认，无论是用"蒙昧"还是用"贾希利叶"来称呼这段时期，客观上都充分体现了伊斯兰教文化本位主义的色彩。本书借用纳忠先生有关"固有文化"的描述，并非认为"蒙昧"的提法有什么问题，也并不是要否认伊斯兰教文化传统在阿拉伯文化传统构成中的核心地位，而是因为，撰写本书的初衷即强调对伊斯兰教兴起以前的文化传统的重视，梳理该部分的特征，呈现该时期阿拉伯文化传统在当今阿拉伯文化中仍然鲜明存续的深远影响。所以，本着从历史出发的原则，本书借用了纳忠先生"固有文化"的表达，以期引起读者对于伊斯兰教诞生以前的阿拉伯文化传统的重视，在梳理阿拉伯文化传统时，除了伊斯兰教文化传统，还应给予此前历史阶段的阿拉伯固有文化传统以足够的重视，切不要再将阿拉伯文化传统的理解仅限于伊斯兰教文化。

那么，"阿拉伯固有文化"与"阿拉伯文化"之间在内涵上究竟有什么联系与区别？ 在此之前，我们有必要先搞清楚"阿拉伯"一词的概念。

"阿拉伯"是一个音译名词，据记载，"公元前853年在亚述碑文中最早出现'阿拉伯'一词"①，该词在阿拉伯语中写为"عرب"，以拉丁字母音译拼写为'Arab。

"就语源学来说，'Arab是一个闪族语的名词，译为沙漠，或沙漠的居民，并没有民族的含义。在《以赛亚书》（21：31，13：20）和《耶利米书》（3：2）里，希伯来名词Erab也是作同样的解释。在《古兰经》（9：97）里，'Arab是指贝杜因人而言的。《麦克比记》下（12：10），简直把阿拉伯人和游牧人当做两个同义词。……公元三世纪时，这个名词开始用作阿拉伯半岛上任何居民的称呼，因为《历代志》下（21：16）提及'靠近埃塞俄比亚的阿拉比亚'人。"②这是美国学者希提关于"阿拉伯"一词定义的论述，也是目前学术界较为认同的关于"阿拉伯"一词的溯源与解释。

而关于"阿拉伯人"的概念，英国东方学者伯纳德·刘易斯在其名著《历史上的阿拉伯人》一书中曾指出："现在流传下来的关于阿拉伯和阿拉伯人的最早记载，是《旧

---

① 彭树智主编，王铁铮、黄民兴等著《中东史》，人民出版社，2010，第38页。

② 〔美〕希提著《阿拉伯通史》（上），马坚译，商务印书馆，1979，第46页。

约·创世记》第十章，它提到了阿拉伯半岛上的很多民族和区域的名称。"①该书提到，自公元前 853 年到公元前 6 世纪，亚述和巴比伦的碑刻中常常提到的"阿里比"、"阿拉布"和"欧尔比"②等名词，主要指生活在阿拉伯沙漠里的游牧部落。

虽然，当今的"阿拉伯人"已不仅仅指居住在阿拉伯半岛的人，关于这个群体的概念，一般来说，比较被认同的说法是："凡是生活在我们（阿拉伯）的国土上、说我们（阿拉伯）的语言、受过我们（阿拉伯）文化的熏陶，并以我们（阿拉伯）的光荣而自豪者就是我们（阿拉伯）之中的一员。"③但是，根据历史的记载，"阿拉伯人"这个名词最初指代的人群主要是阿拉伯半岛沙漠中的贝杜因人（或译"贝都因人"），后来随着历史的发展这个族群的概念也产生了相应的发展。"约在公元前 530 年，波斯文献中出现了'阿拉比亚'一词，而希罗多德和其后的希腊、罗马史家均用'阿拉伯人'或'阿拉比亚人'指称整个半岛上的居民。"④直到公元 7 世纪初伊斯兰教兴起，"对于先知穆罕默

---

① 〔美〕伯纳德·刘易斯著《历史上的阿拉伯人》，马肇椿、马贤译，华文出版社，2015，第 3 页。

② 〔美〕伯纳德·刘易斯著《历史上的阿拉伯人》，马肇椿、马贤译，华文出版社，2015，第 3 页。

③ 〔英〕伯纳德·路易著《历史上的阿拉伯人》，马肇椿、马贤译，中国社会科学出版社，1979，第 3 页。

④ 彭树智主编，王铁铮、黄民兴等著《中东史》，人民出版社，2010，第 38 页。

德和他同时代的人来说，阿拉伯人就是沙漠中的贝都因人"①。

总体来说，"'阿拉伯人'这个词最早出现于公元前 9 世纪，用以指称阿拉伯北部沙漠中的贝都因人"②。那么，在厘清"阿拉伯"和"阿拉伯人"的概念之后，我们再来看看何谓"阿拉伯文化"，何谓"阿拉伯 - 伊斯兰文化"。

从历史发展的角度来看，阿拉伯人在伊斯兰教诞生之前，先经历了"蒙昧时代"。正如前文所述，"蒙昧时代"这个词是"阿语音译'贾希利叶'（Aljahiliyyih）的意译名词"③，关于"蒙昧时代"或"贾希利叶"一词的含义，"阿拉伯史学界把伊斯兰教诞生前的阿拉伯人的历史阶段（即指《古兰经》尚未降示给阿拉伯人的先知穆罕默德的时代）统称'蒙昧时代'"④，而这一概念又有广义和狭义之分，"广义的概念指人祖亚当诞生至穆罕默德'奉命'为先知；狭义的概念则指伊斯兰教兴起之前的 100 年"⑤。

若按照字面理解，"蒙昧"一词的原意是"愚昧无知"，即没有文化、不懂事理。但并不能以这个词的表面含

---

① 〔美〕伯纳德·刘易斯著《历史上的阿拉伯人》，马肇椿、马贤译，华文出版社，2015，第 5 页。
② 〔美〕伯纳德·刘易斯著《历史上的阿拉伯人》，马肇椿、马贤译，华文出版社，2015，第 9 页。
③ 孙承熙著《阿拉伯伊斯兰文化史纲》，昆仑出版社，2001，第 27 页。
④ 孙承熙著《阿拉伯伊斯兰文化史纲》，昆仑出版社，2001，第 26 页。
⑤ 孙承熙著《阿拉伯伊斯兰文化史纲》，昆仑出版社，2001，第 26 页。

义来理解"蒙昧时代",尽管史学界一般如此称呼阿拉伯人的这段历史,但这并不意味着在"蒙昧时代"的阿拉伯民族是没有文化、不懂事理的。这里的"蒙昧"并不是和"知识"相对的意思,"乃是愤恨、轻薄、骄矜、暴戾的意思"①,这里的"蒙昧"一词"含有轻佻、骄矜、暴戾、夸耀等意思","和这些意识相反的是心地宁静、谦恭、好善,以工作为贵,并非以宗系为荣等",前者代表着"伊斯兰以前阿拉伯人在生活中的鲜明的意识",而后者则是伊斯兰教所倡导的"和平的象征"②,史学界如此称呼"蒙昧时代"是为了与伊斯兰教诞生后的时代相区别。

实际上,"蒙昧时代"或"贾希利叶"时期的含义,"是指阿拉比亚没有天命、没有获得灵感的先知、没有天启的经典的那个时代而言的"③,"蒙昧时代""这个历史称谓并非由历史学家或社会学家或人类学家提出来的,而是因袭了《古兰经》中的提法"④,"贾希利叶"一词在《古兰经》中出现了四次,分别见于《古兰经》3∶154,5∶50,33∶33及48∶26。⑤"蒙昧时代"一词是"伊斯兰经典中出现的

① 〔埃及〕艾哈迈德·爱敏著《阿拉伯-伊斯兰文化史》(第一册),纳忠译,商务印书馆,1982,第75页。
② 〔埃及〕艾哈迈德·爱敏著《阿拉伯-伊斯兰文化史》(第一册),纳忠译,商务印书馆,1982,第75页。
③ 〔美〕希提著《阿拉伯通史》(上),马坚译,商务印书馆,1979,第100页。
④ 孙承熙著《阿拉伯伊斯兰文化史纲》,昆仑出版社,2001,第27页。
⑤ 〔美〕希提著《阿拉伯通史》(上),马坚译,商务印书馆,1979,第100页。

一个与信仰有关的宗教性术语"①，用以区分阿拉伯人在伊斯兰教诞生前与诞生后的两个历史阶段。

　　因此，"蒙昧时代"阿拉伯人所创造的文化，是阿拉伯民族的固有文化。它是"阿拉伯文化"传统最深层的组成部分。"蒙昧时代"的阿拉伯人主要居住在阿拉伯半岛，因半岛大部分为沙漠地带，这一时期的阿拉伯人主要过着逐水草而居的游牧生活，居民大部分为游牧民，也可称为"贝杜因人"②。贝杜因人在沙漠中，以血缘关系为基础，以部落为单位，在水草滋生的季节，携带家室，赶着骆驼和羊群，逐水草而居，形成了特有的游牧文化。部落之间为了争夺生存资源常常会有争斗，"各部落间常常纷争不息，为了攻击敌人，或抗御外来的侵袭"③，形成了独特的阿拉伯部落文化。沙漠生活环境也从诸多方面塑造了阿拉伯人独特的品性，形成了他们的沙漠文化。可以说，从自然环境对文化的影响来讲，阿拉伯民族的固有文化主要是沙漠文化；从社会制度和组织对文化的影响来讲，阿拉伯民族的固有文化主要是部落文化；从经济生产方式对文化的影响来讲，阿拉伯民族的固有文化则主要是游牧文化。

　　随着 7 世纪伊斯兰教的兴起和发展，阿拉伯人在固有文

---

①　孙承熙著《阿拉伯伊斯兰文化史纲》，昆仑出版社，2001，第 28 页。
②　"贝杜因"（或"贝都因"）是阿拉伯语中"游牧"一词的音译，指的是"逐水草而居"的生活方式。
③　〔埃及〕艾哈迈德·爱敏著《阿拉伯 - 伊斯兰文化史》（第一册），纳忠译，商务印书馆，1982，第 4 页。

化的基础上创造了伊斯兰文化，而伊斯兰教也随之成为阿拉伯文化的核心，以至于我们今天在提到"阿拉伯文化"时，也常称其为"阿拉伯－伊斯兰文化"。我国学者蔡德贵在《当代伊斯兰阿拉伯哲学研究》一书中也指出"'阿拉伯'和'伊斯兰'是两个不同的概念"。他认为，"伊斯兰与阿拉伯虽十分接近，但也并不等同"①。的确，伊斯兰文化诞生于阿拉伯地区，阿拉伯语作为伊斯兰教经典的语言牢固地联结着伊斯兰文化各族的思想和感情，尽管如此，在当代，"伊斯兰"在内涵和外延上都比"阿拉伯"更加宽泛。因此，当今我们在称呼阿拉伯文化时，常用的提法是"阿拉伯－伊斯兰文化"。

除了固有文化、伊斯兰教文化以外，"阿拉伯－伊斯兰文化"还有一个重要的组成部分，即外来文化。

因此，关于"阿拉伯－伊斯兰文化"这一概念，正如纳忠先生所说："'阿拉伯－伊斯兰文化'乃由三种文化源流汇合而成：一是阿拉伯人的固有文化；一是伊斯兰教文化；一是波斯、印度、希腊、罗马等外族的文化。"②

"阿拉伯－伊斯兰文化"这三个部分的关系，既有区别，更有深刻的联系。在公元 7 世纪伊斯兰教诞生之前，阿

---

① 蔡德贵主编《当代伊斯兰阿拉伯哲学研究》，人民出版社，2001，第9 页。
② 〔埃及〕艾哈迈德·爱敏著《阿拉伯－伊斯兰文化史》（第一册），纳忠译，商务印书馆，1982，第 3 页。

拉伯人已经创造了自己的固有文化；伊斯兰教诞生以后，"阿拉伯文化不再是纯阿拉伯种人的文化。它曾与一批先已存在的文化如阿萨栖王朝的波斯文化和希腊化了的埃及的科普特文化相结合了"①；同时，阿拉伯人还在历史上汲取了古罗马、古希腊、古印度等外族的优秀文化，所以，"阿拉伯文化"是指"在闪族文化基础上，以7世纪创立的伊斯兰教为核心，大量吸收外来优秀文化，使之融会贯通，合为一体，终于发展成为一种具有丰富个性的世界性文化"②。

关于"阿拉伯文化"的特点，孙承熙先生在《阿拉伯伊斯兰文化史纲》一书中认为，该文化具有三个明显特点：①宗教本位；②承上启下；③连贯东西。所谓"宗教本位"，指的是伊斯兰教在阿拉伯文化中的地位与影响力，"承上启下"与"连贯东西"分别从历史及地理的角度说明了阿拉伯文化在人类历史发展过程中所起到的横向与纵向的沟通桥梁的作用。

关于我们常常提到的"阿拉伯文化""伊斯兰文化""阿拉伯-伊斯兰文化"三个概念之间的联系，纳忠先生在《传承与交融》一书的导言中说："'阿拉伯文化'，亦称'伊斯兰文化'，或称'阿拉伯伊斯兰文化'，名称虽不

① 〔英〕赫·乔·韦尔斯著《世界史纲》（下卷），吴文藻、谢冰心、费孝通等译，广西师范大学出版社，2001，第539页。
② 孙承熙著《阿拉伯伊斯兰文化史纲》，昆仑出版社，2001，第12页。

同，研究范围基本是一致的。"①孙承熙先生在《阿拉伯伊斯兰文化史纲》中也充分肯定了这三者之间的联系。这就解释了为什么我们今天在提到"阿拉伯文化"时，也常会用到"阿拉伯－伊斯兰文化"这样的说法。

通过分析阿拉伯文化的发展历程，我们可以看出，"阿拉伯文化"主要由三个部分构成。

（1）阿拉伯固有文化

（2）阿拉伯－伊斯兰文化

（3）外来文化

由此可见，在"阿拉伯文化"的构成中，"阿拉伯固有文化"是最深层的组成部分，是阿拉伯文化传统中积淀最为久远的一层。作为阿拉伯民族文化构成中积淀久远、影响持久的传统部分，阿拉伯固有文化至今还鲜活地存在于阿拉伯文化中，在阿拉伯民族性格的形成中有着显而易见的影响。

阿拉伯固有文化经历千百年来文化的发展、传承与积淀，已成为一种强大的惯性力量，历史越悠久，它越牢固。

## 二　"阿拉伯固有文化"的研究意义

阿拉伯－伊斯兰文化传统具有其自身极其复杂的特殊

---

①　纳忠、朱凯、史希同著《传承与交融：阿拉伯文化》，浙江人民出版社，1993，第1页。

性，从历史纵轴来看，它经历了固有文化（伊斯兰教诞生
前）、伊斯兰教文化及现代文化三个阶段。伊斯兰教诞生于公
元 7 世纪，此前，阿拉伯人在漫长的历史发展中形成了固有文
化传统。伊斯兰教诞生后，它的某些价值观非但不与固有文化
相一致，反而相冲突，如超越血缘的"穆斯林皆兄弟"，反对
及时行乐，禁止酗酒与赌博，倡导平和等。到了近现代时期，
阿拉伯地区大多成了西方列强的殖民地，各个国家因此也受到
其殖民宗主国文化的深远影响。

　　阿拉伯固有文化作为阿拉伯－伊斯兰文化传统最深层的
组成部分，只有深入研究阿拉伯固有文化，才能正确、客观
地认识阿拉伯－伊斯兰文化传统的内涵，才能更好地认识和
把握当代阿拉伯文化传统与现代化的协调问题，了解阿拉
伯－伊斯兰文化在当代的走向。

　　正确认识"阿拉伯－伊斯兰文化传统"的意义显而易
见。对"将文化和历史结合在一起研究感兴趣的学者来说，
'传统'这个词意味着悠久的历史和部分历史一直延伸到现
在的过程"①，如果以历史的眼光来看待"传统"，我们会
发现，"传统也并非仅仅保存旧的东西，相反，传统是一个
在历史中不断积淀、汰变、演化的过程"②。传统不可能只

---

① 李鹏程主编《当代西方文化研究新词典》，吉林人民出版社，2003，第
　29~30 页。
② 〔埃及〕哈桑·哈乃斐著《传统与更新》，开罗：安格鲁出版社，1980，
　第 11 页。(د. حسن حنفي، التراث والتجديد- موقفنا من التراث القديم، مكتبة الأنجلو المصرية،1980)

靠一度存在过的东西的惯性去推动，它总是需要不断肯定新东西,不断接受新事物,不断产生新的意义。"传统就是我们主流文化内部过去带给我们的全部，因此，在岁月的过程中，传统承载历史，现实包含传统。"①

"一定集团或共同体在历史发展中形成的精神倾向或性格通过若干时代承续，往往构成一种规范的力量，这种规范力就叫做传统。"②传统是世代传承积淀而来的精神价值，是"前人理解的积淀亦即过去遗留下来的价值、规范、原则、经验和知识的总和"③。传统的力量极为深远和持久，"传统"是"支配着整个民族的一种习惯势力和精神力量，一种集体的无意识。文化传统是在历史的长河中，由一代代人传承下来的。它支配着现时人们的思维和行为，时时刻刻影响着现时文化的发展。人们遵循它行动，但又很难意识到它的存在"④。无论愿意与否，一个民族的文化传统总是具有深厚的社会心理基础，具有较大的稳定性。因此，充分理解和认识传统，对于了解、研究、把握一个民族的文化而言，至关重要。

---

① 〔埃及〕哈桑·哈乃斐著《传统与更新》，开罗：安格鲁出版社，1980，第 11 页。(د. حسن حنفي، التراث والتجديد- موقفنا من التراث القديم، مكتبة الأنجلو المصرية،1980.)
② 〔日〕竹内敏雄主编《美学百科辞典》，刘晓路、何志明译，湖南人民出版社，1988，第 242～243 页。
③ 乐黛云、叶朗、倪培耕主编《世界诗学大辞典》，春风文艺出版社，1993，第 84～85 页。
④ 陈国强主编《简明文化人类学词典》，浙江人民出版社，1990，第 78 页。

　　阿拉伯固有文化作为阿拉伯－伊斯兰文化传统中最深层的构成，对其后发展历程中文化的创造及传承有着深刻而持久的影响。阿拉伯固有文化作为阿拉伯文化传统中最根深蒂固的存在，在价值、规范、原则等方面仍规范着阿拉伯民族的取向与标准。因此，阿拉伯固有文化在当代的影响，更多时候表现为一种集体意识甚至集体无意识，它对阿拉伯人的思维与行为的影响深刻而久远，尽管人们很难意识到它的作用，但实际上处处受其规范。在阿拉伯文化发展过程中，阿拉伯固有文化作为其文化传统中最原初、最深层的组成部分，在阿拉伯人的深层价值观、文化心理、思维方式等方面留下了深刻的烙印，在阿拉伯民族特性的形成过程中具有深远的影响。直到今天，它依然鲜明地体现在阿拉伯人的思维方式、为人处世等原则中。

　　正如阿拉伯当代著名思想家哈桑·哈乃斐所说："传统就是我们主流文化内部过去带给我们的全部，因此，在岁月的过程中，传统承载历史，现实包含传统。"①

　　近现代以来，随着拿破仑入侵埃及，阿拉伯地区进入现代化发展历程。然而，源自西方的现代化理念与文化，与阿拉伯地区自身的传统文化价值相比，毕竟是一种异质的文化。阿拉伯文化传统中有许多值得深挖的价值，在当代阿拉

---

　　①　〔埃及〕哈桑·哈乃斐著《传统与更新》，开罗：安格鲁出版社，1980，第 1 页。(‮د. حسن حنفي، التراث والتجديد- موقفنا من التراث القديم، مكتبة الأنجلو المصرية،1980‬)

伯民众的心理与生活层面也有着足够深刻和持久的影响力。人们的处世原则、办事风格，无不体现着传统的力量，这是"原生"文化相比"外源"价值的优势。"一种属于本民族的、有特色的哲学或文化必须具有表征普通民众价值观念和思维方式的功能，积淀在人们心中，成为处事之道、为人之规，成为一种'集体意识'。"①这种"集体意识"就体现在一个民族的文化传统中。传统的力量深刻而持久，传统是"我们主流文化内部过去带给我们的全部"，因此，在岁月的历程中，传统"承载历史，现实包含传统"。②

因此，对于作为"他者"要与阿拉伯地区展开交往的我们来说，客观、正确而科学地认识阿拉伯文化传统显得尤为重要。

然而，遗憾的是，在认识阿拉伯文化传统的有关问题时，国内外还存在许多偏见、误解与误读。例如，将"阿拉伯文化传统"等同于"伊斯兰文化传统"等。很多情况下，人们在追溯和梳理阿拉伯文化传统时，很容易将历史的回溯停留在对伊斯兰教文化的梳理上，而忽略伊斯兰教兴起前阿拉伯固有文化传统的影响。伊斯兰教兴起于公元 7 世纪，在此之前的近二百年间，即公元 5 世纪中叶至 7 世纪，阿拉伯

---

① 见聂锦芳《确立外国哲学研究的科学导向》，《人民日报》2016 年 3 月 21 日。

② 〔埃及〕哈桑·哈乃斐著《传统与更新》，开罗：安格鲁出版社，1980，第 11 页。(.د. حسن حنفي، التراث والتجديد- موقفنا من التراث القديم، مكتبة الأنجلو المصرية،1980)

文化有十分重要的固有文化传统的积累。我们不妨拿中国文化打个比方，起源于公元前202年的汉代文化仍在中华文化中占有深刻的影响地位，对我们民族的每一个个体仍然起到重要的影响。别的不说，我们的民族叫汉族，语言叫汉语。谁也不能否认，这是汉代文化产生的影响。那么，当我们面对公元5世纪中叶的阿拉伯固有文化时，我们怎能不重视其在当今阿拉伯文化中的深远影响呢？怎能不去探个究竟呢？

　　本书所关注的主题——"阿拉伯固有文化"——试图从文化现象的角度，梳理阿拉伯固有文化的特征，呈现阿拉伯民族性格构成最深层的特点，尤其是其中的价值观特征，阐明"阿拉伯－伊斯兰文化传统"并不仅限于"伊斯兰文化传统"。在更深的层面，阿拉伯固有文化作为阿拉伯文化传统的有机构成，在当代阿拉伯文化中仍然深刻而持久地影响着阿拉伯人处世、为人的价值取向，仍旧是当今阿拉伯人集体意识的重要组成部分，是阿拉伯民族性格中最深层、影响最久远的组成部分。

　　将阿拉伯文化传统中的固有文化与伊斯兰文化传统分别进行梳理十分有必要。阿拉伯固有文化与伊斯兰文化，尽管在它们产生和发展的历史纵轴上具有联结性，但是在各自倡导的价值观上，有些方面不仅不重合，而且相悖。例如，在固有文化时期，即"贾希利叶"时期，半岛上的社会风气是尚豪赌和豪饮的，而在伊斯兰教兴起以后，伊斯兰教反对赌

博与饮酒，在《古兰经》里一次性禁绝了此类行为；在固有
文化中，血亲复仇是符合贝杜因人的正面价值观取向的，而
在伊斯兰教兴起以后，倡导的则是超越血缘关系的宗教团
结，号召"穆斯林皆兄弟"。

在阿拉伯文化传统构成中，固有文化和伊斯兰文化倡导
的价值观所呈现的"悖论"形态，使得阿拉伯民族性格特征
显现复杂的双重性，或多面性。因此，在理解和把握阿拉伯
文化传统时，如果不了解固有文化的特征，不了解固有文化
对于阿拉伯民族性格的深层而久远的影响，就很难理解阿拉
伯文化传统的复杂性与多面性。

因此，很有必要将阿拉伯固有文化作为专题进行研究。
一方面，梳理和分析阿拉伯文化传统中最深层的结构特征，
可以更清楚地把握其"传统"的内涵，以便更好地认识阿拉
伯－伊斯兰文化的传统与现代化之间的矛盾；另一方面，加
深对阿拉伯－伊斯兰文化传统复杂性与多面性的理解与认
识，深入对阿拉伯－伊斯兰文化传统与现代化矛盾问题的研
究，可以使我们今后更好地开展与阿拉伯地区的人文交流，
构建更具针对性的中阿文明对话。


## 三　"阿拉伯固有文化"的研究现状

"阿拉伯固有文化"居于"阿拉伯－伊斯兰文化"传统

的深层。当前，关于"阿拉伯－伊斯兰文化"，中国学者的研究主要基于以下三个方面。

其一，阿拉伯语言文学研究重在基础，积累丰厚。国内阿拉伯－伊斯兰文化研究的基础在于此。如仲跻昆先生的《阿拉伯文学通史》（上、下）（2010），蔡伟良、周顺贤先生的《阿拉伯文学史》（1998），陆培勇、陆怡玮先生的《阿拉伯古代文学作品研究》（2006）对阿拉伯古代至现代的文学史、文学作品进行了梳理研究；国少华先生的《阿拉伯－伊斯兰文化研究——文化语言学视角》（2009）、周烈、蒋传瑛先生的《阿拉伯语与阿拉伯文化》（1998）系统地阐释了阿拉伯文化语言学的内涵；林丰民先生的《文化转型中的阿拉伯现代文学》（2007）对阿拉伯文学具体作品、具体问题进行了分析研究。国内学者在这个领域的作品还有很多，有关阿拉伯语言文学的研究是国内阿拉伯研究的基础与主流，该领域著述丰厚，难以并举。

其二，阿拉伯－伊斯兰历史文化研究重在历史层面尤其是中世纪阿拉伯繁盛的历史文化研究方面。纳忠先生的《阿拉伯通史》（上、下）（1997、1999），金宜久先生的《伊斯兰教史》（2006），马明良先生的《伊斯兰文化新论》（2006），郭应德先生的《阿拉伯史纲》（1997）梳理了阿拉伯和伊斯兰教的历史；赵国忠先生主编的《简明西亚北非百科全书（中东）》（2000），秦惠彬先生主编的《伊斯兰文明》（1999），就伊斯兰教文明涵盖的政治、经济、社会、艺术等领域进行了梳理研究；纳忠、朱凯、史希同先生的《传承与交融：阿拉伯文化》（1993）就阿拉伯中世纪的繁荣进行了历史与文化层面的专题研究；吴云贵、周燮藩、肖宪、金宜久等学者撰写了"伊斯兰文化小丛书"，对伊斯兰教教法、教义学及教派、运动等做了阐述分析；陈嘉厚先生的《现代伊斯兰主义》（1998）就现代伊斯兰主义的理论、现象及发展进行了研究；孙承熙先生撰写了《阿拉伯伊斯兰文化史纲》（2001）；陈中耀先生的《阿拉伯哲学》（1995），蔡德贵先生的《阿拉伯哲学史》（1992）就阿拉伯－伊斯兰哲学进行了系统的阐释；彭树智先生主编的《伊斯兰教与中东现代化进程》（1997）着重研究了伊斯兰教与中东现代化进程之间的关系。同阿拉伯语言文学的研究一样，国内学者在这个领域的研究成果也十分丰厚，难以一一列举。

其三，当代阿拉伯地区政治、经贸动态研究突出国际与国内热点，重在应用研究方面。如朱威烈、杨光、马丽蓉、杨言洪、安惠侯、李伟建等学者关注当代阿拉伯政治及经贸局势动态研究，较多从国际关系角度进行当代阿拉伯局势的动态跟踪研究。

简而言之，在国内已有的关于阿拉伯－伊斯兰文化的研究中，在谈及"阿拉伯－伊斯兰文化传统"时几乎都有涉及关于"阿拉伯固有文化"或"蒙昧时代"的文学或文化的研究，但从现实的情况来看，中国学者以"阿拉伯固有文化"

为专题所做的研究还比较少。

国际上，西方学者关于阿拉伯 – 伊斯兰文化的研究则主要基于以下两个方面。

其一，阿拉伯历史及语言文化研究。希提的《阿拉伯通史》，以上、下册的篇幅梳理研究了伊斯兰教诞生以前至近代阿拉伯地区的历史文化脉络；伯纳德·刘易斯的《历史上的阿拉伯人》系统论述了阿拉伯人从远古到现代的历史和在社会发展过程中对人类文明做出的贡献，评价了各个历史时期阿拉伯文化和伊斯兰哲学的思想；《中东》则对中东地区自基督教兴起至 20 世纪末的文化及面临的挑战进行了梳理研究；威廉·冯·洪堡特的《论人类语言结构的差异及其对人类精神发展的影响》，研究了作为闪族语的阿拉伯语的本质，并就其语言、思维及文化内涵等提出了富有创见的理论与观点；小阿瑟·戈尔德施密特和劳伦斯·戴维森的《中东史》以中东地区为描述对象，梳理了伊斯兰教诞生前后直至当代海湾战争与和平进程时期的历史。

其二，关于恐怖主义、极端势力的研究。"9·11"之后，该领域的研究与著述可谓汗牛充栋，仅以 Bloomsbury 电子书资源库为例，以 Terrorism（恐怖主义）为关键词进行搜索，可得到 2234 部以此为研究主题的著作，如泰德·洪德里奇（Ted Honderich）2015 年的 *Humanity, Terrorism, Terrorist War*，泰勒（Max Taylor）和库里尔（P. M. Currie）2014 年的 *Terrorism and Affordance：New Directions in Terrorism*

*Studies*，以及贾维德·雷曼（Javaid Rehman）2014 年的 *Islamic State Practices*，*International Law and the Threat from Terrorism* 等。 这些研究的规模之庞大甚至已经使大众形成了"阿拉伯－伊斯兰文化＝极端主义"的认识，导致了广泛的关于"阿拉伯－伊斯兰文化"的误读与误解。尤其在近年来，随着"伊斯兰国"极端势力的负面影响，公众更为加深了对于"阿拉伯－伊斯兰文化"的误解，往往错误地将"恐怖主义""极端势力"与"阿拉伯－伊斯兰文化"画上等号。

从现实的情况来看，对于阿拉伯－伊斯兰文化传统中"阿拉伯固有文化"的专题研究，在西方研究界也并不多见。

总之，国内外对"阿拉伯－伊斯兰文化"的研究常以伊斯兰教兴起后中世纪繁盛时期的文化为对象，或从历史层面对"阿拉伯－伊斯兰文化"的发展进行梳理研究，又或以当今对世界安全构成直接威胁的宗教极端主义或恐怖主义为主题进行分析论述，而对于"阿拉伯－伊斯兰文化传统"中的深层部分"阿拉伯固有文化"的专题研究尚有待深入。

因此，为了避免产生将"阿拉伯固有文化"等同于"伊斯兰传统"的误解，十分有必要系统化、专题化地梳理前伊斯兰教时代的文化，即阿拉伯固有文化传统的内涵及其深刻影响，进而加深对"阿拉伯－伊斯兰文化传统"内部复杂性与多元性的认识。

## 四　"阿拉伯固有文化"的研究方法

本书将以文化人类学、社会心理学、文化现象学、文化语言学等学科的理论为指导，以历史和发展的眼光，结合阿拉伯语言、文学、社会现象，采用演绎、归纳、综合的方法，对"阿拉伯固有文化"的特征进行具体分析与研究，主要关注"阿拉伯固有文化"中阿拉伯民族性格的特点，尤其是价值观取向方面的特点。

本书将遵循"古代（贾希利叶时期）阿拉伯人生活的自然环境、社会组织、经济生产方式——阿拉伯语言、文学、文化的现象分析——阿拉伯固有文化的特征"的总体框架，从部落文化影响下的宗派主义、游牧文化影响下的豪侠精神、沙漠文化影响下的发散式思维与散漫性格、沙漠文化影响下的享乐主义与乐观精神、沙漠文化影响下的现实主义与务实精神、沙漠文化影响下的调和与多元精神等六个方面来分析在阿拉伯文化深层构成中人与社会、人与自我以及人与自然三个维度的关系，尤其着重探索在固有文化时期，阿拉伯人（主要是贝杜因人）在社会中所形成的悖论式价值取向特征、表现及持久影响，从固有文化的切面梳理并呈现阿拉伯民族性格的典型调和倾向。

# 第一章

# 宗派主义

　　自然环境对于人类社会文化的影响，是文化人类学领域研究者十分乐于探讨的话题。"民族文化的聚合是基于地理定位形成的"，"可以认为地理先于某些重要变量，如语言、种族、气候和宗教，而这些变量被认为对某些文化维度具有影响"。①自然和地理环境对一个民族的文化具有根本的深远影响。

　　阿拉伯半岛孕育了阿拉伯固有文化。阿拉伯半岛东濒波斯湾，西临红海，北部是沙姆和伊拉克地区，南抵印度洋，"半岛的面积为320多万平方公里"②。"半岛以西部最高，向东逐渐低下，至阿曼又复隆起"③，"这个半岛上主要的土地可以分为沙漠和草原。"④阿拉伯半岛的地理环境"位置闭塞，水源匮乏，长期处于与世隔绝的状态"⑤，半岛上没有一条常年流淌的河流，阿拉伯半岛的气候特点则描述为"最干燥、最炎热的地方之一"⑥。

---

①　转引自 Ronen, S., Shenkar, O., Clustering Countries on Attitudinal, Dimensions: A Review and Synthesis, *Academy of Management Review* 10 (3)，1985：435 – 454，见〔瑞典〕兰迪·Z. 肖爱、房晓晖、叶克林《理解中东阿拉伯文化中的悖论》，《学海》2013 年第 4 期，第 25 ~ 33 页。

②　钱学文著《简明阿拉伯伊斯兰史》，宁夏人民出版社，2005，第 1 页。

③　纳忠著《阿拉伯通史》（上），商务印书馆，1997，第 4 页。

④　〔美〕希提著《阿拉伯通史》（上），马坚译，商务印书馆，1979，第 14 页。

⑤　〔美〕小阿瑟·戈尔德施密特、劳伦斯·戴维森著《中东史》，哈全安、刘志华译，东方出版中心，2010，第 22 页。

⑥　〔美〕希提著《阿拉伯通史》（上），马坚译，商务印书馆，1979，第 16 页。

　　"阿拉伯半岛是一个沙漠半岛"①，所谓"一方水土，养一方人"，阿拉伯半岛的地理、位置和气候特点，决定了在阿拉伯半岛上生活着的主要是贝杜因（阿拉伯语词"بدويّ"的音译，意指"游牧的"）人，其生活方式主要为逐水草而居的游牧方式，社会制度、组织形式主要以部落、氏族为单位。

　　一个社会的制度属于该社会的中层文化，社会制度对深层文化有着深刻的影响。贾希利叶时期，逐水草而居的贝杜因人以血缘关系集结成部落，在沙漠中不断迁徙求存。"在贝都因人的社会里，社会组织单位是集体，而不是个人。个人只有作为一个集体的成员时才有自己的权利和义务"②，这种社会组织的制度与模式，源于沙漠部落生活的需要，"集体的组成，对外是由于抵御沙漠生活中的困难和危险的需要，对内是依靠以男系血统关系为纽带的社会基础"③。因此，贾希利叶时期阿拉伯人的社会制度从总体上来讲，是"以血缘关系为基础的氏族制社会，部落组织是这一社会的主要组织细胞"④。

---

① 纳忠著《阿拉伯通史》（上），商务印书馆，1997，第6页。
② 〔美〕伯纳德·刘易斯著《历史上的阿拉伯人》，马肇椿、马贤译，华文出版社，2015，第11页。
③ 〔英〕伯纳·路易著《历史上的阿拉伯人》，马肇椿、马贤译，中国社会科学出版社，1979，第26页。
④ 蔡伟良、周顺贤著《阿拉伯文学史》，上海外语教育出版社，1998，第6页。

"在阿拉伯半岛，一个帐篷是一个家庭，有血缘关系的亲属的帐篷连成一片，构成氏族；几个有亲属关系的氏族组成一个部落"①，贾希利叶时期，阿拉伯社会中人与人之间最重要的关系，就是这种建立在血缘基础上的部落与氏族关系。"蒙昧时代的阿拉伯人并没有很强的民族意识，他们只有部落意识。"②这一时期，基于血缘关系的部落组织形式对阿拉伯人的价值观、心理、思维都有着深远的影响，血缘关系是社会成员关系的纽带，在社会部落文化的影响下，基于血缘的宗派主义也成为"阿拉伯固有文化"中根深蒂固的价值取向之一。

贾希利叶时期沙漠中的阿拉伯人，主要是以游牧的形式生活，没有固定的生活据点，主要是逐水草而居，需要不断地在沙漠中迁徙，与别的部落争夺水草等有限的沙漠生活资源。游牧生活中依靠个人的力量是无法生存的，必须依赖群体的实力才能与自然灾害、人为战祸抗争，因此，以血缘为基础的氏族与部落便是贝杜因人最重要的依靠。贝杜因人视部落为最神圣的组织系统，视部落利益为自身利益，因此"形成极端的部落宗派主义"③。而"对于部落来说，血统

---

① 国少华著《阿拉伯－伊斯兰文化研究——文化语言学视角》，时事出版社，2009，第15页。
② 〔埃及〕艾哈迈德·爱敏著《阿拉伯－伊斯兰文化史》（第二册），朱凯、史希同译，纳忠审校，商务印书馆，1990，第14页。
③ 蔡伟良、周顺贤著《阿拉伯文学史》，上海外语教育出版社，1998，第7页。

的纯洁性是头等大事"①，这种部落宗派主义的根源就是血缘与血统，血缘关系成为氏族部落组织的重要根基，宗派主义也因此成为部落文化的重要因素，"这种'部落宗派主义'就是部落政治力量的源泉"②。

在沙漠贝杜因人的部落生活中，一个帐篷代表一个家庭，许多个帐篷合成一个扎营地，构成了一个氏族，几个有血缘关系的氏族合成一个部族。同一个氏族的成员之间，互相承认对方的血统，并服从于一个领袖的权威，使用统一的口号。"血缘关系，不管是真实的，或者虚构的（只须吸取某氏族成员的几滴血，就能取得那个氏族的血缘关系），是维系部族组织的重要因素。"③

本章将从语言学视角下对部落（集体）的重视、沙漠中阿拉伯部落的宗派主义价值观取向、阿拉伯文化传统中发达的宗谱学、部落宗派主义的存续等角度来阐释"阿拉伯固有文化"中的宗派主义特征。

## 一  语言学视角下对部落（集体）的重视

从阿拉伯语言学的角度看，阿拉伯语中最常见的一种句

---

① 见王保华《阿拉伯国家的基本社会形态及主流价值观》，张宏主编《当代阿拉伯研究》（第2辑），宁夏人民出版社，2009，第13页。
② 纳忠著《阿拉伯通史》（上），商务印书馆，1997，第121页。
③ 〔美〕希提著《阿拉伯简史》，马坚译，商务印书馆，1973，第23页。

型名词句，主要构成一般有起语与述语两大部分。在阿拉伯语的名词句的句法中，讲究起语与述语保持性、数、格、式的一致。

例 1：المثل الأول: أمين طالب.

（爱敏是一名学生。）

在例 1 中，"أمين（爱敏）"是一个阳性的单数名词，在句子中充当起语的成分，为主格；"طالب（学生）"在句子中为述语，它应与起语（即"أمين"）保持性、数、格、式的一致，所以它应也是阳性、单数、主格。假设在这个句子中，述语的位置替换为"طالبة（女学生）"，即换一个阴性的名词，这句话的语法逻辑就讲不通了。

"أمين（爱敏）""طالب（学生）""طالبة（女学生）"这些词，无论从语法形式，还是从语义内涵来看，都是单数的词。而阿拉伯语中有一些表达复数的人的名词，如"جميع（众人）""شعب（人民）"，正如在英语中有"people（人民）"一样。然而，与英语不同的是，"people（人民）"一词尽管在单词的语法形式上未体现英语一般复数规则的特点，但在句子中时，是将该词当成复数名词来使用的。反观阿语中"جميع（众人）"或"شعب（人民）"的用法，如果名词句以"جميع（众人）"或"شعب（人民）"作为句子的起语，尽管该单词具有明确的复数含义，但在语法上多以单数形式来表示，因此该句的述语也相应用单数，体现了在阿拉伯语中，"جميع（众人）"或"شعب（人民）"被当作一个整体来看的意义高于其被当作多个个体之和来看时的意义，如例 2 所示。

المثل الثاني: الشعب الصينيّ مجتهد. ：2 例

（中国人民是勤劳的。）

在该句中，"الشعب الصينيّ（中国人民）"是起语，"مجتهد（勤劳的）"是述语，尽管"الشعب الصينيّ（中国人民）"表达复数含义，但是在语法上用单数表示，因此其述语"مجتهد（勤劳的）"应与其保持数的一致，也用单数形式。

相反，"在英语中人民（'people'）则采用复数形式的谓语。在古代西方语言中，即使一个民族或一个团体用单数形式来表示，其谓语也是用复数形式叙述"[1]。而在阿拉伯语中情况并非如此。一个民族用"أمة（民族）"或"قومية（民族）"表示，一个国家的人民用"شعب（人民）"表示，这些词本身都是单数的形式，且多数情况下，在句子中其述语也用单数。

这或许是因为，"在西方，不仅近代民族，而且古希腊

---

① 〔日〕中村元著《东方民族的思维方法》，浙江人民出版社，1989，第 12 页。

人和古罗马人都有一个清楚的观念，行为主体是各个体的一个集合体"①；在西方社会中，强调每一个个体都有其内在的重要价值，都有其值得关注的情感、个性或利益；西方社会中典型的世界观是以个人为中心的，这种世界观的特征，是"近亲之间暂时性的联结。由于缺乏永久的家庭与宗族基础，个人对环境和生活的基本取向是自我依赖"②。

而在"阿拉伯固有文化"中，贝杜因人的世界观是以情境为中心的，"以情境为中心的世界观其特征是，以一种持久的联结，把个人连结在家庭和宗族之中"③。在沙漠中以部落形式存在的贝杜因人的集合体有一种强烈倾向，他们视社会组织中的行为主体为一个团体或联合体，在沙漠生活中这个团体就是以血缘为基础的部落与氏族。阿拉伯人认为，社会活动的单位是血缘关系下部落群体中所有个人的集合，而不是每一个个人各自行动的结果。"在阿拉伯半岛极度恶劣的环境之中，组成群体是生命得以延续的前提条件"④，在沙漠环境中，基于生存的法则，建立在血缘关系基础上的部落氏族的宗派概念超乎了个人的价值和意义。

---

① 〔日〕中村元著《东方民族的思维方法》，浙江人民出版社，1989，第12页。
② 许烺光著《宗族、种姓与社团》，黄光国译，台北南天书局，2002，第3页。
③ 许烺光著《宗族、种姓与社团》，黄光国译，台北南天书局，2002，第2页。
④ 〔美〕小阿瑟·戈尔德施密特、劳伦斯·戴维森著《中东史》，哈全安、刘志华译，东方出版中心，2010，第23页。

　　建立在血缘基础上的宗派主义在蒙昧时代的阿拉伯人生活中所具有的重要意义不仅在语言层面得以体现，在历史书籍的撰写中也可见一斑，"历史学家写了好多书，考证阿拉伯各部落的宗系及其分支情形"①，每个部落都热衷于强调自身氏族的血统纯正而高贵；蒙昧时代的文学也反映了这种部落文化对血缘的重视，蒙昧时代有大量"关于夸耀和谩骂的诗歌"，其主题就是夸耀自己的部族血缘高贵尊荣和抨击他族的血统低下，这种诗歌便是"宗族意识的表现"②，就是对同一血缘集体宗派意识的夸耀与弘扬。

　　这种基于血缘关系的宗族意识、宗派主义观念，在后来伊斯兰教兴起后，并没有随着蒙昧时代的结束而消失，而是长期影响着阿拉伯民族，以至于"后来倭马亚朝及以后历代的哈里发，更利用这种偏狭的宗族观念，来作为互相攻击的工具"③。部落是对阿拉伯民族影响最深的社会制度和人员组织形式，血缘作为部落成员之间的联系纽带，对阿拉伯固有文化的影响力是巨大的，宗派主义的影响在阿拉伯语、文学、历史等各个方面都留下了深刻的印迹。

①　〔埃及〕艾哈迈德·爱敏著《阿拉伯－伊斯兰文化史》（第一册），纳忠译，商务印书馆，1982，第4页。
②　〔埃及〕艾哈迈德·爱敏著《阿拉伯－伊斯兰文化史》（第一册），纳忠译，商务印书馆，1982，第8页。
③　〔埃及〕艾哈迈德·爱敏著《阿拉伯－伊斯兰文化史》（第一册），纳忠译，商务印书馆，1982，第8页。

## 二　部落生活中的宗派主义："'外人'和'敌人'是同义词"①

　　根据《剑桥高阶英汉双解词典》的语意解释，"宗派"指的是"行为者非常坚定地支持一个特定团体或信仰，特别以一种不喜欢接受他人观点的方式进行活动"②。根据《马克思主义哲学大辞典》，"宗派主义"是指在"政党或团体组织的对内对外关系上，以宗派为出发点的思想和活动"。"宗派主义"这个概念，一般会被用于论及政党、组织、宗教的政治生活，"在涉及宗派问题的所有案例当中，有一个明显的区别就是在'你们'与'我们'之间，在'内部'与'外部'之间，宗派纷争者或许会采取一种仇恨的方式或对外部组织的一种恐惧。在这种例子中，宗派纷争者并不需要一个强烈的宗教信仰的观念来支撑，而更多的是对某一组织的一种归属感的认同"③。沙漠中求生存的阿拉伯贝杜因人，其社会的组织形式主要为基于血缘关系的部落和氏族团体，这种部落的组织形式在"阿拉伯固有文化"中留下了深

---

①　金宜久主编《伊斯兰教史》，江苏人民出版社，2006，第 23 页。

②　见刘锦前《当前国际宗派（主义）纷争解读》，《世界民族》2009 年第 6 期，第 20～27 页。

③　见刘锦前《当前国际宗派（主义）纷争解读》，《世界民族》2009 年第 6 期，第 20～27 页。

刻的宗派主义烙印。

　　沙漠中部落生活的生存法则与城市中居民的生存法则是截然不同的，由此衍生出来的文化也必将有着明显区别。在不适于人类居住的沙漠中，游牧民族必须学会应对荒凉的自然环境所带来的各种意想不到的挑战。在沙漠中，阿拉伯人以部落、氏族为单位，以逐水草的游牧方式生活，"阿拉伯人按照血缘关系组成氏族部落，共同生活，共同支配有限的财富"[①]，而"游牧生活的伟业要求一种非常严格的行为和体力标准，本能地要求高度的忠诚和血族集团的团结。如果没有这些特性……就会涣散成七零八落的碎片，每片都无法独立生存"[②]。对于在阿拉伯半岛沙漠中图生存的每一位个体而言，基于血缘的部落、氏族关系，是他们能以游牧为生的最重要的立身之本。而对于建立在所有成员血缘关系基础上的部落、氏族而言，整个部落、氏族的利益是高于一切的。

　　在阿拉伯社会，国家是伊斯兰教诞生之后的产物。对于最初以游牧方式生存的阿拉伯人来说，基于血缘关系的氏族部落是一个人自我与他者之间最重要也是最基本的联系纽带，"在部落的习惯中，'外人'和'敌人'是同义词"[③]，

---

① 〔美〕小阿瑟·戈尔德施密特、劳伦斯·戴维森著《中东史》，哈全安、刘志华译，东方出版中心，2010，第23页。

② 〔英〕阿诺德·汤因比著《历史研究》，刘北成、郭小凌译，上海人民出版社，2000，第115页。

③ 金宜久主编《伊斯兰教史》，江苏人民出版社，2006，第23页。

"一个贝都因人可能遭遇的祸患，再没有比丧失氏族关系更严重的了"①，一个被解除了氏族关系的人，除非被另一个部落收纳，否则很少有生存的希望，"因为一个没有氏族的人，实际上是无依无靠的。他的地位，相当于一个丧失公权者，是不受保护的人"②。

在西方社会学的概念中，社会的基本构成单位是个人，由个人的群体组合成民族和国家，世界观以个人为中心；在东方的日本和中国，国家是以家庭为基础形成的集合体，世界观以情境为中心；"阿拉伯固有文化"时期的贝杜因人，其世界观也是以情境为中心的，只是贝杜因人之间的联结关系纽带不存在于家庭，而存在于部落和氏族。在阿拉伯半岛的游牧社会，血缘关系下的氏族和部落是个人生存的基础，可以说，一旦脱离了氏族与部落的关系，个人将无法生存。

因此，血缘和宗派的重要性不言而喻。伴随血缘、氏族、部落所产生的荣誉与利益至高无上，"血统的纯洁和宗谱的高贵优于一切"③。而维护荣誉的手段就是"穆露阿"（阿拉伯语"مروءة"的音译，意指"豪侠精神、英雄气概"），"它的要素是勇敢、忠诚和慷慨"④，与日本人对国家、天皇的"忠"不同的是，阿拉伯贝杜因人所付出的，

---

① 〔美〕希提著《阿拉伯简史》，马坚译，商务印书馆，1973，第24页。
② 〔美〕希提著《阿拉伯简史》，马坚译，商务印书馆，1973，第24页。
③ 金宜久主编《伊斯兰教史》，江苏人民出版社，2006，第23页。
④ 金宜久主编《伊斯兰教史》，江苏人民出版社，2006，第34页。

"并非对名义上的首领（酋长）的绝对忠诚"①，而是对氏族和部落这个所属集体的荣誉和利益的无条件的忠实。在"阿拉伯固有文化"中，"部落关系是人格生存的条件，因此，个人的命运并不重要，也没有关于个人永生的信仰，永生在于部落"②。这种部落、氏族群体优先于个人的观念，仅限于部落内部有血缘关系的群体内，一旦跨出了部落的界限，其他部落的组织和宗派与本部落及宗派的个人就不存在共同的利益或权力，也不受任何权利义务的束缚，不受其他部落传统规范的约束。因为，在以情境为中心的世界观中，置身于群体人际网络中，人们"必须以区分内、外群体的二元对立方式去理解外部世界"③，游牧生活中的贝杜因人"只关心本部族的福利，要他关心各部族共同的福利，那是很困难的"④。从这个意义上说，"阿拉伯固有文化"中的这种宗派主义，源于沙漠部落生活的需要，是一种基于血缘关系的部落内集体主义。

而倘若一个氏族的成员杀害了本氏族的人，他将成为氏族的敌人，不再受到氏族的保护，只能在沙漠中逃亡。假如他杀害的是别的氏族的部落成员，那么另一个氏族将出于血缘关系而进行血亲复仇。沙漠中的法则是，血债只能血偿，

---

① 金宜久主编《伊斯兰教史》，江苏人民出版社，2006，第23页。
② 金宜久主编《伊斯兰教史》，江苏人民出版社，2006，第34页。
③ 许烺光著《宗族、种姓与社团》，黄光国译，台北南天书局，2002，第2页。
④ 〔美〕希提著《阿拉伯简史》，马坚译，商务印书馆，1973，第17页。

为了血缘关系下的氏族，复仇是天经地义的事，不论是谁，"都可能必须为这件罪行而付出生命的代价"①。

这种基于血缘关系的宗派主义要求对同族人无限、无条件忠贞，使部族成员将本部族视为至高无上的组织，而其他一切部族则都可以是本部族的牺牲品，可以任意地为了本部族的利益对其加以掠杀。在部落文化中，基于血缘关系的宗派主义高于其他任何原则，所谓"是非曲直无须问，难中相助兄弟情"②，"爱你的弟兄，有如爱你自己"③，血缘关系是最重要的，只要是在血缘的纽带上，所有的是非原则都不重要，重要的是对方和自己究竟是不是享有同一个氏族宗派内血缘关系的人。而部族宗派的命令也是至高无上的，不仅高于个人，也高于家庭，"部族有权力命令本部族的成员抛弃自己的妻子"④，只要是出于部族宗派利益的需要，妻子也可置之度外，重要的是维护部族宗派的团结、利益与权威。

血缘关系本来只是一个人的出身问题，但这个关系在"阿拉伯固有文化"的部落生活中影响着个人的生存与命运。在游牧和部落生活中，基于血缘关系的宗派主义的重要

① 〔美〕希提著《阿拉伯简史》，马坚译，商务印书馆，1973，第23页。
② 孙承熙著《阿拉伯伊斯兰文化史纲》，昆仑出版社，2001，第71页。
③ 〔埃及〕艾哈迈德·爱敏著《阿拉伯-伊斯兰文化史》（第一册），纳忠译，商务印书馆，1982，第124页。
④ 〔美〕希提著《阿拉伯通史》（上），马坚译，商务印书馆，1979，第30页。

意义高于一切，以至于在阿拉伯语中，"'外人'和'敌人'是同义词"，从这一点上，我们也可以清楚地窥见在"阿拉伯固有文化"中基于血缘关系的宗派主义的根深蒂固的影响。

## 三　发达的宗谱学

阿拉伯人的宗谱学的发达程度，在世界上其他民族的文化中是十分罕见的。在古代，每个阿拉伯人的部落中都有了解本部落谱系的人。阿拉伯人"是最注重谱系的民族，无一人不知自己宗族及祖先之名姓。如果有人列入他人宗族，大家均知其伪，阿拉伯人牢记其谱系，并据此建功立业"[①]。

宗派主义源于阿拉伯贝杜因人的部落生活组织形式，部落和血缘的重要性使得阿拉伯人对于自身血统的纯洁、宗谱的高贵"都感到无限的骄傲"[②]，他们对宗谱的重视、骄傲与热爱，甚至使得他们"往往把自己的宗谱追溯到人类的始祖阿丹（亚当）"。希提指出，除了阿拉伯人，"世界上是

---

① 〔埃及〕艾哈迈德·爱敏著《阿拉伯-伊斯兰文化史》（第二册），朱凯、史希同译，纳忠审校，商务印书馆，1990，第44页。
② 〔美〕希提著《阿拉伯通史》（上），马坚译，商务印书馆，1979，第31页。

没有什么民族把宗谱学提高到科学的地位的"①。阿拉伯的各个部族，都喜欢夸耀自己的血统，"每一部族都说本族的宗系，才是最光荣的宗系，本族的人民，才是最尊贵的人民"②。

对于宗谱的重视，源于"阿拉伯固有文化"时期的部落生活模式。"因为阿拉伯人原来过的是部落生活，部落像家庭一样被当成一个整体，这就大大抹杀了个人的特性。个人的业绩为整个部落所有，个人的耻辱是部落的耻辱。诗人为部落写诗，演说家为部落演讲，代表团更是以部落的名义出访。这样，部落就占据了人们的身心和思想，成为一切主宰。"③

伊斯兰教诞生以后，尽管宗教倡导超越血缘关系和超越部落、氏族关系的团结，号召"穆斯林皆兄弟"，但阿拉伯人对于宗谱世系的重视，仍随着历史的演进不断传承下来。伊斯兰教兴起后，宗谱世系是伊斯兰历史学家最关心的主题之一。尽管宗教的纽带出现了，"但部族主义并没有消逝，如在战争中，穆斯林仍分属各个部落，一切都以部落为单位"④。

---

① 〔美〕希提著《阿拉伯通史》（上），马坚译，商务印书馆，1979，第31页。
② 〔埃及〕艾哈迈德·爱敏著《阿拉伯－伊斯兰文化史》（第一册），纳忠译，商务印书馆，1982，第6页。
③ 〔埃及〕艾哈迈德·爱敏著《阿拉伯－伊斯兰文化史》（第三册），向培科、史希同、朱凯译，纳忠审校，商务印书馆，1991，第342页。
④ 〔埃及〕艾哈迈德·爱敏著《阿拉伯－伊斯兰文化史》（第三册），向培科、史希同、朱凯译，纳忠审校，商务印书馆，1991，第342页。

　　尽管随着历史的发展，在伊斯兰教兴起后，阿拉伯人的版图大幅扩张，在阿拔斯王朝以后，多民族的社会构成使得当时"出现了反阿拉伯的多民族主义。多民族主义者开始收集并夸大阿拉伯人及阿拉伯部落的弱点和缺陷。这种做法反而激起了阿拉伯人历数各部落功业、收罗非阿拉伯民族短处的新动力。因此，人们对宗谱更加重视，立谱成风。从而，宗谱学成了除传记、圣战史和伊斯兰史之外的另一项历史内容"①。人们对于自身阿拉伯宗系的重视与夸耀可见于许多古代阿拉伯语文献，其影响并不止步于伊斯兰教的兴起，而是不断延续。阿拔斯王朝时期，阿拉伯帝国实际上已是一个多民族的帝国，"这个时代的人仍然喜欢以阿拉伯宗系和血统自诩"②，这个时代的非阿拉伯人，哪怕是有权势者，也乐于给自己编造阿拉伯宗谱，夸耀自身与阿拉伯宗系的关联，自称出身阿拉伯宗系。

　　宗谱学的发达，体现了阿拉伯固有文化中宗派主义的深刻影响，并且这种宗派主义的影响，并不只存在于固有文化中，而是化为阿拉伯文化传统的一部分，持续存在，传承久远。

---

① 〔埃及〕艾哈迈德·爱敏著《阿拉伯－伊斯兰文化史》（第三册），向培科、史希同、朱凯译，纳忠审校，商务印书馆，1991，第343页。
② 〔埃及〕艾哈迈德·爱敏著《阿拉伯－伊斯兰文化史》（第二册），朱凯、史希同译，纳忠审校，商务印书馆，1990，第32页。

## 四　宗派主义的存续

　　"蒙昧时代的阿拉伯人是以其部落为荣的，他们赞颂的是本部落的美德"[1]，部落生活中血缘关系和部落氏族的重要性，不可避免地形成了阿拉伯人的宗派主义。沙漠中的阿拉伯人，基于血缘的联系，在部落生活中相互依存、相互依赖，得以对抗沙漠生活的残酷与无情，但这种基于血缘关系的宗派主义也带来了许多负面的影响。沙漠中的贝杜因人以自身血统、血缘的高贵为荣，喜欢强调"出身好重于业绩高"[2]，由于过分重视血缘与血统，沙漠中的阿拉伯人形成了牢固的氏族宗派主义传统。

　　宗派主义是部落文化中基于血缘关系的部落与氏族成员最重要的原则之一。"宗派主义包含着对同族人无止境、无条件的忠贞，大体上相当于极端的狭隘的爱国主义"[3]，这种宗派主义的根源在于，在部落生活中的阿拉伯人，以部族或氏族为单位谋生，将本部族或氏族看成沙漠中至高无上的

---

① 〔埃及〕艾哈迈德·爱敏著《阿拉伯-伊斯兰文化史》（第二册），朱凯、史希同译，纳忠审校，商务印书馆，1990，第16页。

② 见王保华《阿拉伯国家的基本社会形态及主流价值观》，张宏主编《当代阿拉伯研究》（第2辑），宁夏人民出版社，2009，第15页。

③ 〔美〕希提著《阿拉伯通史》（上），马坚译，商务印书馆，1979，第29页。

一个单位，而把其他部族或氏族当作自己谋生所需的合理牺牲品。在沙漠中，"（贝都因人）只服从部落制度。他们知道家庭、部落，不知道政府、王国。他们的社会是部落和帐篷的社会，不是民族和人民的社会"①。沙漠环境的恶劣，使部族之间的资源掠夺成为惯性，并形成了这种部落至上的社会组织形式，对阿拉伯人的精神世界产生了深刻的影响。在部落生活中，"游牧人与其部落互相保护的感情，就是所谓的宗派主义"②。

由于对血缘、部落和氏族的重视，"贝都因人不能把自己提高到一个国际型的社会成员的地位，他只关心本部族的福利，要他关心各部族共同的福利，那是很困难的"③，这种狭隘的宗派主义在一定程度上阻碍了古代阿拉伯社会的发展，部落间连年的战争令半岛上的居民不堪其扰，社会的发展对阿拉伯贝杜因人的观念提出了新的要求。"在袭击和劫掠不断发生的情况下，保障自身安全的需要和力图以掠夺致富的欲望使广大部落特别是惶惶不安的中小部落都企求托庇于最强大的部落联盟"④，但由于血亲复仇的接连不断，这

① 〔黎巴嫩〕汉纳·法胡里著《阿拉伯文学史》，郅溥浩译，宁夏人民出版社，2008，第6页。
② 〔埃及〕艾哈迈德·爱敏著《阿拉伯-伊斯兰文化史》（第一册），纳忠译，商务印书馆，1982，第9页。
③ 〔美〕希提著《阿拉伯通史》（上），马坚译，商务印书馆，1979，第26页。
④ 杨军、张士东著《阿拉伯人》，东方出版社，2008，第35页。

种部落间的联盟难以实现，因此，这种基于血缘的氏族宗派主义也有了改变的契机。"大批处于依附地位的弱小氏族在频繁的战争中出现，削弱了血缘关系的重要性"[1]，在沙漠的广袤和生存的艰难面前，"每个人的享有、寿限、性别和幸福都听凭盲目的命运主宰，人类的活动和能力要受光阴的无情摆布，部落的美德和荣誉为之黯然失色"[2]，这使得沙漠中的阿拉伯人开始摆脱漠视个人的部落观念束缚，产生新的集体意识。

伊斯兰教的兴起顺应了历史的潮流，先知穆罕默德试图破除这种狭隘的血缘关系认同，他曾经做过这样的演讲：

> 众人呀！静听我的话，而且谨记在心。须知每个穆斯林都是其他任何穆斯林的兄弟，现在你们都是同胞。[3]

穆罕默德提出的"穆斯林皆兄弟"的口号，突破了血缘的束缚，倡导基于宗教理念的超血缘、超部落、超氏族的团结。"《古兰经》中说：'在安拉面前，你们中最尊贵的是你们中最敬畏安拉者'。圣训说：'信士皆兄弟，他们的血统是相同的，他们中最低的人可以主持他们的盟约，他们一

---

[1] 金宜久主编《伊斯兰教史》，江苏人民出版社，2006，第34页。
[2] 金宜久主编《伊斯兰教史》，江苏人民出版社，2006，第35页。
[3] 〔美〕希提著《阿拉伯通史》（上），马坚译，商务印书馆，1979，第140页。

致的对外。……凡为宗族而愤怒，为宣传宗族，或为扶助宗族而参加迷惘者的战争，因而战死者，则其死也，如死在蒙昧时代。'"①伊斯兰教号召打破狭隘的部落思想与宗族观念，提倡人类的平等。但"阿拉伯固有文化"影响下的血缘主义并非随即烟消云散，而是仍然存在于阿拉伯人的深层价值观中，它同伊斯兰教带给阿拉伯人的影响一样，如烙印般深刻，因此在阿拉伯文化发展中不时会呈现文化性格与心理的两重性特征。"部落精神并未泯灭，于是，便出现了两种倾向并列的局面——一种倾向于本部落、本部族和本家族；另一种倾向于阿拉伯血统、阿拉伯民族和阿拉伯种族。在伊斯兰教初期是两者并存的局面，既有人如同蒙昧时期的人一样颂扬信仰伊斯兰教的本部落，也有人颂扬阿拉伯民族。"②

在《阿拉伯-伊斯兰文化史》中，艾哈迈德·爱敏还列举了诗歌作为部落宗派主义与阿拉伯民族精神并存的明证。

骏马飞驰现敌前，消灭阿丁弹指间；

手持利刃斗凯撒，征服罗马夺王冠。③

———————————

① 〔埃及〕艾哈迈德·爱敏著《阿拉伯-伊斯兰文化史》（第一册），纳忠译，商务印书馆，1982，第84页。

② 〔埃及〕艾哈迈德·爱敏著《阿拉伯-伊斯兰文化史》（第二册），朱凯、史希同译，纳忠审校，商务印书馆，1990，第17页。

③ 〔埃及〕艾哈迈德·爱敏著《阿拉伯-伊斯兰文化史》（第二册），朱凯、史希同译，纳忠审校，商务印书馆，1990，第17页。

诗中的"阿丁"是古代阿拉伯一个部落的名称,这首诗颂扬的仍是部落之间斗争的胜利,"代表了部落的宗派主义"①。这种宗派主义的影响,并不只在蒙昧时代存在,甚至并不仅仅延续至伊斯兰教兴起的初期,而是深植于阿拉伯人的文化传统中,不断延续。"倭马亚王朝时代,蒙昧时代的宗派主义重新抬头。倭马亚人和哈西姆人恢复了蒙昧时代的斗争,各自夸耀本族人的韬略与才智,夸耀本族人的演说家与诗人之多。"②

实际上,阿拉伯贝杜因人的部落制度、宗派主义及其在文化上的影响,并不仅仅延续至倭马亚王朝或阿拔斯王朝,直至今天,仍然鲜明地存在于阿拉伯人的价值取向中。"当今,在穆斯林国家内部,阿拉伯文化和部落制度的化身影响着一切,从家庭关系到治理,再到冲突。"③正如希提所说,基于血缘的部落制度与宗派主义的影响,宗派性"在阿拉伯人的特性中从来不会消灭,在伊斯兰教兴起后,其本身反而有所发展和扩大,终于成为伊斯兰教各国分裂和衰亡的

---

① 〔埃及〕艾哈迈德·爱敏著《阿拉伯 - 伊斯兰文化史》(第二册),朱凯、史希同译,纳忠审校,商务印书馆,1990,第17页。

② 〔埃及〕艾哈迈德·爱敏著《阿拉伯 - 伊斯兰文化史》(第一册),纳忠译,商务印书馆,1982,第85页。

③ 转引自Salzman, Ph. C., The Middle Eastern Tribal DNA, *Middle East Quarterly* 15 (1), 2008: 23 - 33,见〔瑞典〕兰迪·Z. 肖爱、房晓晖、叶克林《理解中东阿拉伯文化中的悖论》,《学海》2013 年第 4 期,第 25 ~ 33 页。

决定性因素"①。阿拉伯人既不可能完全摆脱基于血缘的宗
派主义的影响，同时又带上了伊斯兰教所倡导的超血缘的宗
教团结的精神，这种无法避免的两重性、悖论式特征或者说
文化上的内在复杂性直到今天仍能在阿拉伯人的性格中找到
对应。

---

① 〔美〕希提著《阿拉伯简史》，纳忠译，商务印书馆，1973，第25页。

第二章

豪侠精神

经济基础决定上层建筑，一个社会的经济生产方式对其文化的影响是决定性的。经济生产方式一般会培养出与之相应的文化精神。有人说，日本文化是一种"耻感文化"①，这与日本岛国的地理环境、生产方式有着密切的关系。阿拉伯半岛气候干燥，以沙漠为主，"没有一条重要的河流是常年流入海里的"②，植物不能茂盛地生长。在这种贫瘠、严苛的自然环境中求生存，游牧是最能适应环境挑战的生活方式。

因此，贾希利叶时期，"逐水草而居"的游牧是阿拉伯人的主要生产方式，阿拉伯民族的这种游牧生产生活方式对阿拉伯文化产生了重要的影响，对阿拉伯民族价值观的形成起到了决定性的作用。游牧生活中，对环境中有限资源的最大占有很大程度上靠的是抢占和劫掠，"游牧和劫掠无疑构成阿拉伯人最重要的谋生方式和最向往的职业"③，因此，男子的勇敢、善战成为非常重要的能力。而沙漠人迹罕至，慷慨待人也成为游牧生活必需的美德。自由自在、无拘无束的逐水草而居的生活方式，使得阿拉伯贝杜因人很难接受法律或制度的约束，而只是依赖习俗的规范，他们对于外来的

---

① 〔美〕鲁思·本尼迪克特著《菊与刀》，吕万和、熊达云、王智新译，商务印书馆，2005，"译者序言"第3页。

② 〔美〕希提著《阿拉伯通史》（上），马坚译，商务印书馆，1979，第18页。

③ 〔美〕小阿瑟·戈尔德施密特、劳伦斯·戴维森著《中东史》，哈全安、刘志华译，东方出版中心，2010，第23页。

权力压迫或控制，是绝难忍受的。勇敢好战、慷慨牺牲、热爱自由组成了阿拉伯游牧文化中豪侠精神的主要维度，反过来说，游牧生活对阿拉伯贝杜因人价值观最典型的影响也就是崇尚豪侠精神。如果我们一定要对阿拉伯民族的性格与文化用一个词来形容，那么，恐怕"豪侠"是首要的选择。

"'豪侠'行为是游牧部落衡量每个人道德的最高标准"，"豪侠"一词在阿拉伯语中为"姆鲁埃"，"豪侠"是"姆鲁埃"一词的意译，"其本意确切地说就是勇敢、好义、慷慨"等。所谓"勇敢"主要针对氏族外部环境而言，指"在为宗族争锋对垒之时，敢于冲锋陷阵，不惜牺牲性命以赴之"，而慷慨好义，则是针对氏族内部环境而言，指对待自己人"宰牲待客，济困扶危，不惜倾家荡产"①。豪侠精神是典型的游牧文化的价值标准，对外的勇敢、好战与对内的牺牲、慷慨如硬币的正反两面，折射着游牧文化下阿拉伯民族对豪侠精神的崇尚。

在游牧生活中，自然资源的匮乏与环境的恶劣使阿拉伯人在跟随本氏族部落逐水草而居的同时，要随时防范他族对资源的占领，"沙漠环境的恶劣使他们始终不是攻击者就是被攻击者"②，因此，"劫掠本来是一种盗贼的行径，但沙漠

---

① 纳忠、朱凯、史希同著《传承与交融：阿拉伯文化》，浙江人民出版社，1993，第13页。
② 见史希同《阿拉伯问题的文化思考》，《当代阿拉伯问题研究》，人民出版社，2006，第235~242页。

生活的经济情况和社会情况，却已经把劫掠提升到一种民族的习俗了。这是以贝杜因人畜牧社会的经济结构为基础的"[1]。本章，我们将重点探讨阿拉伯游牧文化影响下的豪侠精神在三个方面的具体体现，即好战心理，崇尚慷慨与赞美牺牲，以及不服权力、自由不羁。

## 一　牢不可破的好战心理

　　"在沙漠地方，好战心理是一种牢不可破的心理状态"[2]，希提指出，出于沙漠生活的需要，阿拉伯人将劫掠作为理所当然的风尚，甚至将劫掠作为体现男子汉气概的一种职业。在蒙昧时代，文学作品多提倡尚武精神、颂扬进袭敌人一类的诗词，而且"阿拉伯民族是神经质的民族，常常为了一点细小的事故而暴跳如雷，不可遏止。遇到个人的人格或部落的荣誉被损害时，立刻拔剑而起，牺牲性命也在所不惜。战争甚至已成为他们平常的习惯和日常的生活了"[3]。依照沙漠的生存法则，"血债是要用血来

---

① 〔美〕希提著《阿拉伯简史》，马坚译，商务印书馆，1973，第 21 页。
② 〔美〕希提著《阿拉伯通史》（上），马坚译，商务印书馆，1979，第 26 页。
③ 〔埃及〕艾哈迈德·爱敏著《阿拉伯－伊斯兰文化史》（第一册），纳忠译，商务印书馆，1982，第 41 页。

偿还的；除了报仇，无论什么惩罚，也不生效"①，在游牧生活中，一件仇杀案，可持续四十年之久。在伊斯兰教之前，"阿拉伯各部族之间的战争，都是以报仇为宗旨的"②。

　　沙漠中恶劣的环境，游牧生活的残酷，使阿拉伯人好掠夺也好斗。在沙漠中曾经广泛流传着这样一则谚语："我反抗我的兄弟，我和我的兄弟反抗我们的堂兄弟，而我和我的兄弟及堂兄弟又反抗这个社会。"③游牧文化影响下的好斗、好战、好侵袭等性格，在阿拉伯文化中留下了深刻的影响。蒙昧时代阿拉伯诗人脱尔法的诗歌即是例证。

　　　　　族人问道："谁家子，独行广漠走荒山？"

　　　　　我闻言来细思量，应声急起不彷徨，

　　　　　长鞭策马往前行，沙如烈火酷骄阳；

　　　　　跨下雄骓昂摆尾，一似娇姬舞罗衫。

　　　　　我非杜门逃山野，人求我今我行善；

　　　　　贵族会上君求我，盛宴席前舞杯觞；

　　　　　芬芳洌酒奉尊前，劝君痛饮勿徜徉。

---

①〔美〕希提著《阿拉伯简史》，马坚译，商务印书馆，1973，第24页。
②〔美〕希提著《阿拉伯简史》，马坚译，商务印书馆，1973，第24页。
③ 李绍先、王灵桂著《一脉相传阿拉伯人》，时事出版社，1997，第3页。

　　乡里聚会争荣耀，我家贵胄高门墙；

　　樽前良俦皎若月，白衣歌女衬红衫；

　　女儿引吭作高歌，珠喉玉润声婉转。

　　娇音再起多凄凉，哀如母驼悲子殇。

　　欢乐畅饮无已时，挥金如土父遗产。

　　穷奢引起家人恨，弃我索居如羔羊。

　　我虽独处名远播，富家知我贫瞻仰。

　　君何阻我多欢乐？君何阻我上战场？

　　如君不能保我千百寿，我必狂饮欢乐寻死亡！①

　　文学是社会的一面镜子，诗歌中所体现的对"策马""雄骓""战场"的崇尚与热爱，清晰地体现了蒙昧时代阿拉伯人生活方式的特点，也反映了他们好战的心理状态。"英雄策马往来驰骋，把威慑的敌人驱赶……无论何时我们与敌交战，敌人永远是碾碎的粉面……你们前来'做客'，果敢的杀戮是我们的美味佳馔……瞧，黎明的曙光尚未显现，巨石压顶的战争已使你们伤亡悲惨。"②这首蒙昧时代阿穆鲁·本·库勒苏姆所作的"悬诗"颂扬了当时塔格里布族的骁勇善战，充分体现了该时期阿拉伯贝杜因人好为部落

---

① 〔埃及〕艾哈迈德·爱敏著《阿拉伯－伊斯兰文化史》（第一册），纳忠译，商务印书馆，1982，第84页。

② （古阿拉伯）乌姆鲁勒·盖斯等著《悬诗》，王复、陆孝修编译，五洲传播出版社，2015，第181页。

而战、勇为部落而战的价值取向。

沙漠生活中的阿拉伯人，时间观念淡漠，没有高楼大厦的束缚，没有云层的遮蔽，没有树木的荫庇，生活方式与内容都无法追求精细化，并且漫天的黄沙与不羁的自然也培养了他们无拘无束的性格，他们喜欢无限制的自由，从事的既不是农业，也不是工艺，他们不受征服的管束，也没有成文的法律，约束他们的只是游牧生活的各种法则。"阿拉伯人勇敢尚武，他们要保护自身，不依赖别人，也不信任别人；……他们似乎'好战'成癖，'勇武'简直是他们的天性。"①"好战"因此成为游牧生活中一种"牢不可破"的心理状态。

部落之间为了争夺水草和资源常常干戈相见，没完没了的血仇使整个阿拉伯半岛几无宁日。"根据史料记载，自公元5世纪末至7世纪初因各种原因发生的大小部落战争竟有一千七百多次"②，所以，"蒙昧时代——甚至伊斯兰时代——的阿拉伯历史，无非是一系列战争的记载"，在伊斯兰的黄金时代，欧麦尔"全力向外发展，以防止内战"③，正是因为他深知阿拉伯人好战的民族性特征。

----

① 〔埃及〕艾哈迈德·爱敏著《阿拉伯-伊斯兰文化史》（第一册），纳忠译，商务印书馆，1982，第36页。
② 蔡伟良、周顺贤著《阿拉伯文学史》，上海外语教育出版社，1998，第7页。
③ 〔埃及〕艾哈迈德·爱敏著《阿拉伯-伊斯兰文化史》（第一册），纳忠译，商务印书馆，1982，第41页。

　　游牧生活的氏族精神要求阿拉伯人对于同族人无限地、无条件地忠贞，"所以是一种热烈的排外好战主义"①，尽管在伊斯兰教诞生和传播以后，伊斯兰教对阿拉伯人改变对事物及道德价值的看法产生了很大的影响。原先部落生活所倡导的好战劫掠的思想，与伊斯兰教倡导顺从、尊重个人生命的思想产生很大冲突。但这种冲突并未在伊斯兰教兴起之后立刻消失，而是"彼此相持，为时甚久"②，"其实伊斯兰教的心理状况和思想意识的冲突，是很厉害的，其冲突的时期是很长久的"③。如希提所说，氏族精神"在阿拉伯人的特性中从不会消灭"，同样的，这种"牢不可破的好战心理"也在阿拉伯民族的性格中根深蒂固，倭马亚王朝的诗人顾托密曾作诗形容劫掠在沙漠文化中的地位。

　　　　我们以劫掠为职业，

　　　　劫掠我们的敌人和邻居。④

　　劫掠的风俗一方面是沙漠自然环境所迫，为了获取有限

---

① 〔美〕希提著《阿拉伯简史》，马坚译，商务印书馆，1973，第24页。
② 〔埃及〕艾哈迈德·爱敏著《阿拉伯-伊斯兰文化史》（第一册），纳忠译，商务印书馆，1982，第84页。
③ 〔埃及〕艾哈迈德·爱敏著《阿拉伯-伊斯兰文化史》（第一册），纳忠译，商务印书馆，1982，第87页。
④ 〔美〕希提著《阿拉伯通史》（上），马坚译，商务印书馆，1979，第26页。

的生存资源，不得不以劫掠的方式夺取资源，求得在沙漠中的生存；另一方面，沙漠生活对于男子气概的提倡与崇尚，也使得劫掠上升到一种民族风俗的地位，因为"劫掠是有数的集中表现丈夫气概的职业之一"①。在游牧生活中，各部落、氏族常常为了争夺牲畜、牧场和水源发生争斗。"这些战争提供了充分的机会，让强悍的部族任意袭击和劫掠，让相争的部族中的斗士表现他们的个人英雄主义，让双方部族的代言人和诗人用毒辣的文辞互相辱骂。"②由于沙漠生活资料的缺乏，这些战争成为常态，也使得游牧的阿拉伯人在半饥荒的状态中过生活，劫掠因此成为个人在部落中展现大丈夫气概、扬名获利的机会，好战的心理因此成为"一种常在的意识形态"③。

这种好战的心理长期存在，并在伊斯兰教诞生后与伊斯兰教倡导的和平、顺从理念时有冲突。在伊斯兰教先知穆罕默德传教后的第五年，阿拉伯半岛的伊斯兰教徒与非伊斯兰教徒发生了冲突，实际上就是"纵欲享乐""许可绝对无限制自由"等思想与"只许有限度享乐和有限度自

---

① 〔美〕希提著《阿拉伯通史》（上），马坚译，商务印书馆，1979，第26页。
② 〔美〕希提著《阿拉伯通史》（上），马坚译，商务印书馆，1979，第102页。
③ 〔美〕希提著《阿拉伯通史》（上），马坚译，商务印书馆，1979，第102页。

由"①思想的冲突，也是蒙昧时代的阿拉伯人价值观与伊斯兰伦理之间矛盾相持的表现。这种矛盾的双方绝不是简单地一方取代另一方，而是彼此相持，"新思想与旧思想的水火，是赓续的，新旧交替的，渐进的，旧的事物不是被立刻消灭的"，基于部落、游牧生活的许多准则，包括好战心理并不那么容易被消除，阿拉伯人"稍遇刺激，又复暴发"②。倭马亚王朝时代，"葛哈唐与阿德尼两族之间，战争纠结，无时或已"，此种事件不胜枚举，"阿拉伯各部落之间不断发生战火"③，游牧文化影响下的好战心理是典型的蒙昧时代的意识，反映了游牧文化的习俗，在阿拉伯人的性格中直到现代仍能找到影子，以至于"贝杜因人在选择现代职业时，大多会更愿意当个沙特军人，国家警卫队队员或卡车司机"④。

　　沙漠生活的危险与挑战，使得在其中谋生的贝杜因人必须是骁勇的、尚武的。他们"始终要和人、野兽、严峻的自然因素这些敌人战斗"，对于在沙漠中生活的贝杜因人而言，"宝剑是他的防护，马背是他的堡垒，忍

①　〔埃及〕艾哈迈德·爱敏著《阿拉伯－伊斯兰文化史》（第一册），纳忠译，商务印书馆，1982，第81页。

②　〔埃及〕艾哈迈德·爱敏著《阿拉伯－伊斯兰文化史》（第一册），纳忠译，商务印书馆，1982，第84页。

③　〔埃及〕艾哈迈德·爱敏著《阿拉伯－伊斯兰文化史》（第一册），纳忠译，商务印书馆，1982，第85页。

④　李绍先、王灵桂著《一脉相传阿拉伯人》，时事出版社，1997，第8页。

耐是他的武器"①。作为豪侠精神的体现之一，好战心理与
"阿拉伯固有文化"中其他因素一样，作为传统深深地植根
于阿拉伯民族的价值观、心理取向中，发挥着一种集体无意
识的作用，也许未必在意识层面显现，但传统的"润物细无
声"的影响随着时间的推移与历史的发展并不会轻易地消
失，而是会长久持续地存在。

## 二　赞美牺牲、崇尚慷慨

　　与在"敌人"面前显示勇敢、好战的心态相反，贝杜
因人在对待本部族的人或是朋友时，又十分地慷慨，并且
崇尚牺牲。这种对外与对内的反差，是阿拉伯人的游牧生
活方式所决定的。游牧生活中，得水草者活，而水草总有
枯萎、秃尽之时，此时，他们要么进攻外部族、掠夺资
源，要么向本部族的部落求助。生活来源的不稳定性，使
他们十分重视在沙漠中与能够结盟的人形成的互助关系。
因此，崇尚慷慨与赞美牺牲成了游牧生活所崇尚的豪侠精
神的另一种体现。

　　在阿拉伯游牧生活中，"男子汉的美德大部分仍然是那

---

　　① 〔黎巴嫩〕汉纳·法胡里著《阿拉伯文学史》，郅溥浩译，宁夏人民出
版社，2008，第 7 页。

些和沙漠游牧生活有关的品德——'勇敢善战,忍受患难,有仇必报,保护弱者,反抗强暴'。其他受到赞赏的品德是宽宏、慷慨、忠诚和信实"①。可见,除了好战以外,游牧生活带给阿拉伯人性格的另一大特征就是以慷慨为美德、赞美牺牲。尽管沙漠生活环境恶劣,拥有的资源与财富也少得可怜,但贝杜因人的慷慨却举世罕见。"贝杜因人作为敌人,是非常可怕的,但在他的友谊的规则的范围内,他也是一个忠贞而大方的朋友。"②款待朋友、热情豪迈、赞美牺牲、丈夫气概是这个民族的高贵美德。

阿拉伯游牧生活中对牺牲精神的赞美和对慷慨大方的推崇,体现在他们对部落首领即酋长的道德水平的要求上。一般来说,部落的首领即酋长应该是本部落中最有威望的人物,这个人不仅要有丰富的阅历和足够的组织才能,能够很好地协调和组织部落内的关系,并善于应对部落之间频繁的争斗,同时,部落成员也对他提出了较高的道德水平要求。部落首领应该做到"与部落成员风雨同舟,并做到赏罚分明、分配公平、慷慨大方、助人为乐等",而且还必须"具有自我牺牲精神,敢于在危险时刻挺身而出维护本部落的利益或荣誉"③。对首领提出的道德要求,实际上也体现了部

---

① 〔美〕西·内·费希尔著《中东史》(上),姚梓良译,商务印书馆,1979,第 2 页。
② 〔美〕希提著《阿拉伯简史》,马坚译,商务印书馆,1973,第 22 页。
③ 孙承熙著《阿拉伯伊斯兰文化史纲》,昆仑出版社,2001,第 71 页。

落文化对人的最高道德标准，可见，牺牲精神和慷慨大方在部落文化的价值观中占有多么重要的地位。

从另一个角度，在贾希利叶时期的文学中，我们可以看到许多推崇豪侠精神、赞美牺牲、崇尚慷慨的作品。如贾希利叶时期的一篇遗嘱散文里，一位父亲对儿子说道："对钱财你要大度；对妻室你理应保护；对邻里，你要友好相处，要与愿意和你合作的人尽心合作；你要款待客人，更要帮助乞求相助的弱者。"①这位父亲对儿子谆谆教诲，告诫儿子，只有这样，才能英明永存。诗歌是贾希利叶时期最重要的文学形式，其中七首"悬诗"的作者之一祖海尔曾诗云：

> 谁有钱不好施，
> 必被人弃；
> ……
> 谁不用武力保卫领土，
> 家园必遭侵犯；
> ……②

在该诗中，我们可以很清楚地看到蒙昧时代的人们所崇

---

① 蔡伟良、周顺贤著《阿拉伯文学史》，上海外语教育出版社，1998，第20页。
② 蔡伟良、周顺贤著《阿拉伯文学史》，上海外语教育出版社，1998，第35页。

尚的典范是怎样的，典范人物应该慷慨好施，还应该英勇善战、武力强悍。而另一名"悬诗"作者塔拉法也曾作诗歌颂慷慨、善战的豪侠精神。

> 一旦人们呼唤：
> "谁是部落英雄？"
> 我总以为那是指我，
> 我毫不迟疑地站出。
> ……
> 只要人们需要我，
> 我必将挺身相助；
> 如果你们
> 在人群中找我，
> 定会把我遇着；
> ……①

　　诗人在作品中展现的是自己的喜好及为人的标准，但作为时代的一分子，同时还是时代文学的翘楚，塔拉法在作品中展示的喜好与标准足以代表当时的阿拉伯民族的价值取向。这一时期的诗歌反映了固有文化时期形成的阿拉伯人高

---

① 蔡伟良、周顺贤著《阿拉伯文学史》，上海外语教育出版社，1998，第38页。

尚的美德和高贵的品质。"阿拉伯人对自己血统纯洁、口齿伶俐、慷慨好义、诗歌优美、宝剑锋利、马种优良、宗谱的高贵和溯源莫不感到无限的骄傲。……他们讲诚信：要求族人在艰难时世中无条件地站在部族一边；他们爱报血仇，血债一定用血来还。"[1]赞美牺牲，崇尚慷慨，是部落生活中的贝杜因人价值观核心内容豪侠精神的重要体现。

　　游牧生活所培养的阿拉伯民族的豪侠精神与其生产生活模式的特点是分不开的。游牧生活的经济资源十分有限，沙漠中争夺水草等生存资源的激烈竞争，几乎是一切冲突的核心起因，这个问题导致了"沙漠里的人民分裂成许多互相残杀的部族"[2]，这就导致了各部落在面对其他氏族部落时，必须勇敢善战，并因此形成了"牢不可破的好战心理"。由于部落长年战争不断，总处在你争我夺的生活中，"于是便不得不以勇敢豪侠、忠恕守信为最高的美德"[3]；但无论各个部落力量多么强大，武力多么强悍，在强大得多的自然面前，在沙漠面前，他们仍能清楚地感到自身人力的有限。因为资源贫乏、生存艰难，面对自然界，他们都是同样的渺小的个体，沙漠的残酷与无情，使他们都感到束手无策，这种共同的困境，使他们认识到群体互助、合

---

① （古阿拉伯）乌姆鲁勒·盖斯等著《悬诗》，王复、陆孝修编译，五洲传播出版社，2015，第15页。
② 〔美〕希提著《阿拉伯简史》，马坚译，商务印书馆，1973，第22页。
③ 〔埃及〕艾哈迈德·爱敏著《阿拉伯-伊斯兰文化史》（第一册），纳忠译，商务印书馆，1982，第49页。

作的必要，这"使他们觉得需要有一种神圣的义务，那就是对客人的款待"①。由于沙漠中战争不断，总处在你争我夺的生活中，这就产生了豪侠精神的另一面，"形成赞美牺牲、贬责怯懦的风尚"，"于是便不得不以勇敢豪侠、忠恕守信为最高的美德"②。他们的慷慨，主要表现在"点燃篝火，宰杀牲口，款待避难者"，出于豪侠精神的驱使，他们对待朋友相当忠诚，崇尚牺牲，往往能够"为保护亲人、邻居或避难者而进行战斗，并牺牲一切"③。

赞美牺牲，慷慨待客，豪侠好义，是沙漠生活培养出的阿拉伯贝杜因人的价值观标准。在阿拉伯民族的价值观中，"'备食济贫、燃炬待客'被广泛视为高尚仁慈的举动和美德"④，这一点在伊斯兰教诞生以后得到进一步提倡，"穆斯林皆兄弟"的口号将游牧文化中阿拉伯人原本局限于部族内的慷慨与热情进行了提升与泛化。直到今天，阿拉伯人仍沿袭了游牧文化影响下的豪侠精神，推崇对外人要勇敢尚武，对朋友则要充满牺牲精神；对敌人好战、劫掠，对亲族则应慷慨乐施。

---

① 〔美〕希提著《阿拉伯简史》，马坚译，商务印书馆，1973，第22页。
② 〔埃及〕艾哈迈德·爱敏著《阿拉伯－伊斯兰文化史》（第一册），纳忠译，商务印书馆，1982，第49页。
③ 〔黎巴嫩〕汉纳·法胡里著《阿拉伯文学史》，郅溥浩译，宁夏人民出版社，2008，第7页。
④ 李绍先、王灵桂著《一脉相传阿拉伯人》，时事出版社，1997，第6页。

## 三　自由不羁的灵魂

游牧生活，是古代阿拉伯人为了应对残酷、严苛的沙漠环境的挑战而产生的经济生活方式，在这种特殊的环境下，阿拉伯民族为适应恶劣环境形成了独特的游牧文化。为了应对严峻的生存环境的挑战，阿拉伯民族必须发展出一些特殊的技能，同时也必须形成一些特殊的道德、文化、智慧、习俗，这其中所包含的典型特征之一，即为豪侠精神。除了前述骁勇好战、赞美牺牲、崇尚慷慨之外，游牧文化的豪侠精神还有一个鲜明的体现，即阿拉伯人的不服权力、自由不羁。沙漠的广袤与游牧的自由，使得"阿拉伯人的生活习惯，是不愿受任何一种权力束缚的"[①]。

沙漠尽管物质资源缺乏，却给了游牧的阿拉伯人无限的自由，既没有法律的约束，也没有中国古典文化中的伦常要遵守。"他们向往自由，又不愿受约束，不习惯服从权力"[②]，部落内部，爱好自由与崇尚平等是阿拉伯人的鲜明

---

① 〔埃及〕艾哈迈德·爱敏著《阿拉伯-伊斯兰文化史》（第一册），纳忠译，商务印书馆，1982，第16页。
② 李绍先、王灵桂著《一脉相传阿拉伯人》，时事出版社，1997，第6页。

价值取向，正如希提所说，"阿拉比亚的人民，是爱好自由的，是享受自由的"①。直至今日，在阿拉伯世界，"赤贫之民可以毫无顾忌地叩开最高行政长官乃至一国之君办公室的大门，跨国公司的小小职员也可以随时走进董事长的办公室聊天"②，在游牧文化中形成的自由不羁的性格仍然鲜明地存在于当今阿拉伯人身上。

在古代阿拉伯游牧社会中，如艾哈迈德·爱敏所言，"阿拉伯人之不服从权力，是毫无疑义的"③，他们对于自由的限制极为敏感，对于权力的压制总有强烈的反抗，"阿拉伯人反抗任何权力；如果稍稍限制他们的自由，即使这种限制对他们是有好处的，他们也是不愿意的，必定要反抗的"④。游牧生活的方方面面不仅培养了阿拉伯人慷慨与好战的个性、散漫无羁的性格，也因其自由的形态使得阿拉伯人能够"常常保持着自己独立的精神及孤高的特性；不为一种权威所屈服，不受一种法律所束缚"⑤，他们"总是要自

---

① 〔美〕希提著《阿拉伯通史》（上），马坚译，商务印书馆，1979，第51 页。

② 李绍先、王灵桂著《一脉相传阿拉伯人》，时事出版社，1997，第6 页。

③ 〔埃及〕艾哈迈德·爱敏著《阿拉伯－伊斯兰文化史》（第一册），纳忠译，商务印书馆，1982，第38 页。

④ 〔埃及〕艾哈迈德·爱敏著《阿拉伯－伊斯兰文化史》（第一册），纳忠译，商务印书馆，1982，第36 页。

⑤ 〔埃及〕艾哈迈德·爱敏著《阿拉伯－伊斯兰文化史》（第一册），纳忠译，商务印书馆，1982，第23 页。

由和独立，不在外来压迫面前低头，不屈从于任何法律和制度"①，阿拉伯人对自由的热爱与不羁的性格，是渗透在骨子里的游牧文化带来的影响。

另外，游牧社会主要由部落构成其基本单位。部落的组织形式是十分崇尚部落中个体之间地位平等的，部落的首领被称为"谢赫"（也译为"舍赫"），谢赫由选举产生，主要是在道德风范层面能够引领部落的人物，是部落德高望重的人。"他既不能强行摊派任务，也不能对人施加刑罚"②，"'谢赫'政府的职权在于仲裁而不在于命令。他不具备强制性的权力，一切政府职权、王权、刑法等，对于阿拉伯游牧社会都是陌生的概念。"部落内部各成员地位呈现平面化，一个部落内的贝杜因人"以平等的地位和他的'舍赫'见面"，"他所处的社会，使得人人都处于平等地位"③。部落生活中的阿拉伯人崇尚忠义，但这种忠义的原则，不是部落成员对于上级首领谢赫的忠心，而是对同族、同辈的忠诚。

所以，贝杜因人的价值观兼具对部落这个团队的强烈归属感和强烈的个人自我意识，前者体现在对部落内

① 〔黎巴嫩〕汉纳·法胡里著《阿拉伯文学史》，郅溥浩译，宁夏人民出版社，2008，第7页。
② 〔美〕伯纳德·刘易斯著《历史上的阿拉伯人》，马肇椿、马贤译，华文出版社，2015，第11页。
③ 〔美〕希提著《阿拉伯通史》（上），马坚译，商务印书馆，1979，第30页。

部或朋友的赞美牺牲、慷慨好义以及对部落外部或敌人的"牢不可破的好战心理"上，后者体现在部落集体内部成员之间的平等与自由的关系上，这两种看似互为悖论的原则倾向，合而成为部落生活的最高价值标准：豪侠精神。

在这样崇尚平等与自由的氛围中，"游牧的阿拉比亚人，不大屈服于外来的束缚，是不足为奇的"[①]，阿拉伯人这种自由不羁、崇尚平等的性格，在古代游牧生活中形成，并作为豪侠精神的传统，一直存在于阿拉伯人的性格中。"阿拉伯人爱好平等"[②]，直至当代，在与阿拉伯人的跨文化交际当中，这一性格特征仍然深刻地影响着各种交往。美国国务院曾实施了"包括自主 500 万美元为中东 10000 个小学图书馆提供阿拉伯语书籍的'改造中东'计划"[③]，这种单方面的而非双向对等的交流并未能取得美国预期的效果，其原因正是阿拉伯人具有不服权力、崇尚自由平等的豪侠性格。"阿拉伯人所能接受的是双向、对等的沟通，而不是单向的灌输，否则会被对方视为侮辱和蔑

---

① 〔美〕希提著《阿拉伯通史》（上），马坚译，商务印书馆，1979，第 25 页。

② 〔埃及〕艾哈迈德·爱敏著《阿拉伯-伊斯兰文化史》（第一册），纳忠译，商务印书馆，1982，第 41 页。

③ 李智著《文化外交——一种传播学的解读》，北京大学出版社，2005，第 107 页。

视。"①沙漠生活培养了贝杜因人"不甘屈服于暴虐、维护正义、反对强者欺凌弱者"②的性格，这使得他们尤其重视交往中的平等与正义，特别讨厌外来的、强加给他们的东西。

阿拉伯人的豪侠性格在他们的对外交往中，有着深远的影响，"现代的欧洲人不知道这种秘密，所以铸成大错；遭受了许多可以避免的无谓的牺牲"③。当然，诚如艾哈迈德·爱敏所说："阿拉伯人的这种野蛮难驯，不服从权力的性格，也就是阻碍他们不能达到西方文明的最大障碍。他们酷爱自由，如果对他们的自由稍加限制，他们必如铁笼中的困兽一般，疯狂地奔突跳跃，竭力要打破铁栏，挣脱出来，恢复自由。"④毕竟，没有一种社会制度可以允许绝对无限的自由存在。

在伊斯兰教诞生后，穆罕默德倡导阿拉伯人崇尚有限度的自由与有限度的享乐，这为阿拉伯人的道德观与世界观带来了很大的影响。"《古兰经》的一节明文，把酗酒和赌博

---

① 李智著《文化外交——一种传播学的解读》，北京大学出版社，2005，第 107 页。
② 〔黎巴嫩〕汉纳·法胡里著《阿拉伯文学史》，郅溥浩译，宁夏人民出版社，2008，第 7 页。
③ 〔埃及〕艾哈迈德·爱敏著《阿拉伯-伊斯兰文化史》（第一册），纳忠译，商务印书馆，1982，第 37 页。
④ 〔埃及〕艾哈迈德·爱敏著《阿拉伯-伊斯兰文化史》（第一册），纳忠译，商务印书馆，1982，第 37 页。

一次就禁绝了"①，但固有文化的影响是深远的，在阿拉伯人的性格中有着烙印式的影响。"穆罕默德改变阿拉伯的'蒙昧思想'成为'伊斯兰教思想'时，曾遭遇很大困难"②，毕竟两种价值体系的内容在有些方面不仅不相似，甚至还相反。因此，两种价值体系之间出现了相持的局面，体现在阿拉伯人的性格中，就成为在许多方面的两重性的悖论式特征。尽管在伊斯兰教兴起后，宗教对阿拉伯人的价值观提出了许多新的标准，但豪侠精神作为阿拉伯固有文化传统中的重要内涵，在阿拉伯人的性格中始终存在。正如郭应德先生所说，"劫掠，夸耀本氏族部落的光荣宗系，氏族部落之间经常发生复仇战争，这些都是贝都因人根深蒂固的陋俗"③，这些沙漠生活影响下形成的习俗，作为"阿拉伯固有文化"中的一部分，沉淀在阿拉伯民族的性格中，并持续地、深刻地影响着阿拉伯人当今时代社会生活的各个方面，也深刻影响着阿拉伯地区与外界的沟通与交流。

---

① 〔美〕希提著《阿拉伯通史》（上），马坚译，商务印书馆，1979，第140页。
② 〔埃及〕艾哈迈德·爱敏著《阿拉伯 - 伊斯兰文化史》（第一册），纳忠译，商务印书馆，1982，第81页。
③ 郭应德著《阿拉伯史纲》，经济日报出版社，1997，第17页。

# 第三章

# 发散式思维与散漫性格

环境是人类赖以生存的基础，也是文化产生的根基。阿拉伯半岛位于亚洲西部，是世界上最大的半岛。它东邻波斯湾，西傍红海，南临阿拉伯海，西北接叙利亚，总面积321万平方公里，相当于欧洲面积的四分之一。"阿拉伯半岛以西部最高，向东则逐渐低下，至阿曼又复隆起，全岛没有常流的河道，只有一些时流时涸的山溪"①，阿拉伯半岛最主要的地貌为中部的沙漠，其沙漠地域广阔，就连"阿拉伯"一词的原意也指"沙漠"。阿拉伯半岛由南而北有鲁卜哈利大沙漠、小内夫得沙漠、大内夫得沙漠等。

沙漠的气候条件、地形地貌、土壤结构、水文状况、植被种类等因素直接影响了阿拉伯人的生产生活，正如马克思所说，"任何历史记载都应当从这些自然基础以及它们在历史进程中由于人们的活动而发生的变更出发"②，沙漠生活对阿拉伯文化产生了烙印式的影响。

本章将从阿拉伯文化中时间的知觉、诗歌的繁荣、个人主义等微观视角来透视沙漠生活对"阿拉伯固有文化"的影响，阐明在沙漠环境影响下，"阿拉伯固有文化"所具有的发散式思维与散漫性格的特征。

①　〔埃及〕艾哈迈德·爱敏著《阿拉伯－伊斯兰文化史》（第一册），商务印书馆，1982，第1页。
②　《马克思恩格斯全集》（第3卷），人民出版社，1960，第23~24页。

## 一　时间的知觉：片段式的零散性

世界各族人民都在时间的绵延中繁衍、创造文明。"一切存在的基本形式是空间和时间"①，任何个人或民族都不可能脱离时间和空间而存在。"因而，任何个人、任何社会、任何民族都有自己的时间观念……这种时间观念及其标准的形成与发展，离不开各民族的生活环境与生存方式。"②而各民族关于时间的知觉，将通过其语言现象得以体现。

阿拉伯半岛的环境主要是沙漠，从地理位置上看，阿拉伯半岛处在亚、非、欧三洲之间，地当交通要冲。红海和阿拉伯海历史上是印度与地中海沿岸国家往来的海上交通线。红海沿岸的陆路交通最为繁忙，半岛西南的也门曾是东西方贸易的枢纽。阿拉伯半岛在地理上位处东西方之间，阿拉伯人主要的生存方式为游牧生活方式。"阿拉伯固有文化"由自身生产生活方式决定，又因地处沟通东西的枢纽位置，既具有自身独特的特点，也受到东西方文化的影响。其中，时

---

① 卫兴华、赵家祥主编《马克思主义基本原理概论》，北京大学出版社，2008，第42页。
② 国少华著《阿拉伯－伊斯兰文化研究——文化语言学视角》，时事出版社，2009，第213页。

间的知觉更是深受这种自然地理环境与生产方式的影响，并且充分地体现在阿拉伯语的语言现象当中。

　　阿拉伯人对于时间的知觉体现了他们既不完全与西方或东方相同，但又有一定联系的特点。"对穆斯林神学家来说，时间不是一种连续的'绵延'，而是瞬间的'星座'，即瞬间的'银河'（犹如空间并不存在，而只是分散的点）"①，实际上，在阿拉伯语中，关于时间的词汇和关于时态的语法也体现了阿拉伯人对时间的理解并非是一个绵延的整体，而是点的集合。英语中的"时间"是 time，这个词在英语中属于不可数名词，也就是这个词是没有复数形式的，而阿拉伯语中表示"时间"的 حين، وقت 等词都有自己的复数形式，换句话说，时间是可数的，片段式的，而不是一个整体的概念。在关于时态的语法规则上，"在闪族语里，时态不像印欧语系，它不是集中于行动者的动作和状态，而是集中于行动本身"，在阿拉伯语中，"除了作为已完成行动的'完成式'（广义地说，它包含所有过去式）和作为未完成行动的'未完成式'——不管现在，还是未来，不存在任何过去、现在和将来式"②。在阿拉伯语中，一个动词最常用的时态为过去式与现在式，如动词"ذهب（去）"，一

————————

①　〔法〕路易·加迪等著《文化与时间》，浙江人民出版社，1988，第278 页。

②　〔法〕路易·加迪等著《文化与时间》，浙江人民出版社，1988，第271 页。

般常用的时态为"ذهب"（去，过去式）和"يذهب"（去，现在式），至于其他的时态，如完成式、将来式、进行式等在印欧语系中有较明确区分的动词形式，在阿拉伯语中都是不存在的。关于时间的行进、动作的完成，最明确的区分，只是完成与未完成之分。至于时间上是现在，还是未来，则没有那么明确的、严格的形式区分。

阿拉伯人关于时间等词的复数表达，反映了他们对于时间的知觉倾向于片段式的、具体零散的特点，他们对时间的概念不倾向于做整体和逻辑的把握，而是倾向于"视时间为非连续的、离散的瞬间"，这种"源自古阿拉伯人的时间知觉"中的"瞬间的非连续性"[1]和古代阿拉伯人的沙漠生活有关。沙漠中满眼是漫天黄沙，绵延无际，时间的流逝更多地通过物体运动状态的变化来体现，而沙漠中主要以游牧为主要生产方式，游牧生活靠天吃饭，随意而散漫，沙漠中也并无明显的四季转换，游牧的劳作方式并不需要精准的时间概念。

另外，沙漠中频发的天灾人祸的不可预期性，使游牧阿拉伯人在很多情况下只能听天由命，使沙漠生活更加无序而不可控制，这种无序的生活状况逐渐影响及形成阿拉伯人思维中善做具体的"点"式的感悟和抒发而不倾向于从整体把

---

① 〔法〕路易·加迪等著《文化与时间》，浙江人民出版社，1988，第281页。

握事物特征的特点。这种片段式的零散的时间知觉体现在阿拉伯人的沙漠生活中，表现为对时间观念的模糊与淡漠，这种时间观念上的模糊与淡漠逐渐影响了阿拉伯人在沙漠生活中的散漫性格。

沙漠生活中时间仿佛像黄沙一般无际，一年四季，赶着骆驼行走的日子似乎一成不变，时间的流逝并不带给沙漠中的人以强烈的感受。阿拉伯人的沙漠生活不像中国古代农业的精耕细作与精益求精的文化氛围，阿拉伯人的性格是在沙漠的狂野下养成的，他们的思维也受到沙漠生活方式的局限与影响。在天时、地利、人和的顺境中，他们往往能够心态积极而充满豪情，向往轰轰烈烈，并做出超水平的发挥，"但身处逆境时又会冷漠、沮丧，'安于天命'，往往表现得无所作为，使人绝望"[1]。

艰苦的生活一方面练就了他们坚韧与忍耐的脾性，但另一方面也使他们充分认识到了自然环境的强大、残酷，与人力的有限、无奈。在过于艰苦的沙漠环境中，如果没有一定的水源和供给，生存随时会受到威胁，没有什么事情比生存更重要、更紧急，也没有什么比延续生存更重要的了。艰苦环境所带来的消极心理体验，投射在对时间的知觉之上，便不会是争分夺秒、只争朝夕的感觉，反而是淡漠而随意的散

---

[1] 李绍先、王灵桂著《一脉相传阿拉伯人》，时事出版社，1997，第7页。

漫心态。

　　直到今天，我们仍然能从与当代阿拉伯人的交往中觉察到他们在时间观念上的模糊与散漫。"他们处理事务时常常不紧不慢，好像天大的事情也不会让他们着急似的"①，的确，在沙漠生活中，除了日夜的交替，时间的变化并不能带给人们鲜明的感受，人类所能主动掌控和把握利用的时间也并不像农业社会那么明显。游牧生活，逐水草而居，对于季节、时间的更迭远不像在农耕社会中的人那样敏感，阿拉伯贝杜因人"不像城镇里的人，会运用思维，改善自然环境。他们只听候天时地利的支配；雨水好，就游牧而生，否则只好听天由命"②。

　　的确，沙漠生活，更多的是一种靠天吃饭的谋生方式，如能遇上一汪清泉、一片绿洲，便是沙漠生活之幸，但这种幸运是不可预期的，不是依靠争分夺秒就能把握主动权的。农耕社会则不同，在农业生产的过程中，人们会在播种与收割之间，逐渐形成一种与大自然同期性的循环规律。农业社会中的人们，把种子埋在土里，种子的发芽、开花、结果，都是可以期待的过程性变化，生活是一个可以预期的循环整体，而沙漠生活则不然。沙漠环境中的风云变幻不是游牧民

---

① 李绍先、王灵桂著《一脉相传阿拉伯人》，时事出版社，1997，第7页。
② 〔埃及〕艾哈迈德·爱敏著《阿拉伯－伊斯兰文化史》（第一册），商务印书馆，1982，第4页。

可以掌控和预期的，在这种不可预期的生活中，久而久之，阿拉伯人自然形成了较为散漫的性格和零散的时间观。

沙漠生活对阿拉伯人的时间观念与知觉产生了深刻的影响，沙漠和旷野不仅阻隔了外界对阿拉伯贝杜因人的侵略和征服，也逐渐陶冶出贝杜因人的活在当下的性格，使"阿拉伯固有文化"中不可避免地印上了散漫性格的特征。


## 二　诗歌的繁荣：顿悟型、发散式的思维特征

所谓"思维"，根据《中国大百科辞典》（逻辑学卷）的解释，"是人脑对客观事物的概括的和间接的反映，以已有的知识经验为中介对通过感知所获得的各种信息进行分析、综合、比较、抽象、概括、系统化和具体化，从而达到对事物的本质及其规律的认识的复杂心理过程，是基于感性认识而又高于感性认识的高级的理性认识形式"①。古代阿拉伯人在沙漠环境的影响下，形成了独特的思维方式，这种思维方式的典型特征是重直觉的顿悟型、发散式思维，这种思维特征的典型体现之一，就是贾希利叶时期阿拉伯诗歌的繁荣。

"一个社会或一个群体的全体成员在涉及某些逻辑问题

---

① 《中国大百科辞典》（逻辑学卷），北京银冠电子出版有限公司，2001，第263页。

或其他专门的问题时，是可能用同一种方法进行思维的"①，阿拉伯人"或许不像罗马人和波斯人那样儒雅，却非尚未开化的野蛮人。……由于居无定所，他们无缘从事诸如建筑、雕塑和绘画之类的艺术创作，诗歌是其最重要的艺术表现形式"②。

　　贾希利叶时期阿拉伯人主要生活在沙漠地区，其间生物稀疏，人迹罕见，"无论植物、动物及人类，都较城市稀少；大部分的地方，差不多没有人类的踪迹，没有壮丽的建筑，没有广大的田庄，没有茂密的森林。沙漠地方的人，日日面对大自然，目无所障；烈日当空，则脑髓如焚；明月悠悠，则心花怒放；星光灿烂，则心旷神怡；狂飙袭来，则所当立摧。人们在这样强烈的、美丽的、残酷的大自然之下生活，心性未有不驰思于仁慈的造物、化育的主宰的"③。在沙漠的环境中，贝杜因人"时时刻刻都离不开变幻莫测、反复无常的大自然"，这使得他们"形成了认识事物的直观性和敏锐性，使他们感情细腻、思想敏锐"，并因此影响了他们的文学创作，他们的文学是"即兴文学"④，最重要的表

① 〔日〕中村元著《东方民族的思维方法》，浙江人民出版社，1989，第4页。
② 〔美〕小阿瑟·戈尔德施密特、劳伦斯·戴维森著《中东史》，哈全安、刘志华译，东方出版中心，2010，第24页。
③ 〔埃及〕艾哈迈德·爱敏著《阿拉伯-伊斯兰文化史》（第一册），商务印书馆，1982，第48页。
④ 〔黎巴嫩〕汉纳·法胡里著《阿拉伯文学史》，郅溥浩译，宁夏人民出版社，2008，第24页。

现形式之一，即为诗歌。

在沙漠中，人们所能听见的声音大多是单调的、重复的，贝杜因人常年在强大的自然面前，体会着人类的渺小，内心常会蕴蓄无限凄婉的情绪，这种情绪通过诗歌的形式得以宣泄。在沙漠中，人们心有所感，吟咏诗歌，通过这种方式来表达和抒发内心的情感。因此，贾希利叶时期的阿拉伯诗歌成为当时最重要的文学形式之一。"沙漠中的土地和天空、飞鸟和猛兽、贫瘠和艰难、酷暑和严寒、粗犷和冷酷，所有这一切以及发生在沙漠中的掠夺和战争共同构成了贾希利叶时期的阿拉伯人的生活方式和思维方式，共同构成了他们的智慧、情感和品德。"①阿拉伯人将沙漠中所见、所闻、所思、所想都充分体现在了文学中，以诗歌的形式呈现，以至于古代阿拉伯人会说"诗歌是阿拉伯人的记载"②。

在阿拉伯古代文学史上，诗歌可以说是一朵奇葩。一般认为，阿拉伯诗歌最早起源于沙漠中驱赶骆驼时的吆喝声，诗歌韵律是和着骆驼的脚步声产生的，阿拉伯的驮夫夫在驱赶骆驼时，按照骆驼有节拍的步伐歌唱，于是产生了阿拉伯诗歌的雏形，以至于"在阿拉伯语中，唱歌人（hadi）和驮

---

① 王有勇著《阿拉伯古代文学批评史》，上海外语教育出版社，2014，第29页。
② 王有勇著《阿拉伯古代文学批评史》，上海外语教育出版社，2014，第29页。

夫夫（sa'iq），是两个同义词"①。贝杜因人在赶骆驼时习惯吟唱一种被称为"曼胡克"②韵律的诗歌，这种诗歌节奏缓慢、音域开阔、音调平缓而优美，表达了一种寂寞和思念的情感，阿拉伯人通过吟唱诗歌，慰藉他们在沙漠中行走生活的寂寞。

早在伊斯兰教诞生以前，"蒙昧时代"的阿拉伯人就已经创造了大量丰富的诗歌，"在伊斯兰教以前的时代，阿拉伯语是诗歌的语言"③。"蒙昧时代"的诗歌不仅具有高度的文学价值，还具有丰富的史料价值，"诗歌能表示古代阿拉伯人的思想生活，'也可以说阿拉伯人的诗歌，就是阿拉伯人的文库'"④。贾希利叶时期，诗歌是最主要的阿拉伯文学形式之一。

阿拉伯诗歌形式在伊斯兰教诞生以前就已经十分成熟，其中最有名的、最为后世传诵的是七首"悬诗"。

"悬诗"的阿拉伯语音译为"穆阿莱葛特"，"意即'被悬挂的（诗）'"，"悬诗创作于约公元6世纪"，所谓"悬诗"，通常的解释是，蒙昧时代阿拉伯诗人们在麦加

---

① 〔美〕希提著《阿拉伯通史》（上），马坚译，商务印书馆，1979，第107页。
② 李绍先、王灵桂著《一脉相传阿拉伯人》，时事出版社，1997，第377页。
③ 〔美〕希提著《阿拉伯通史》（上），马坚译，商务印书馆，1979，第369页。
④ 〔埃及〕艾哈迈德·爱敏著《阿拉伯－伊斯兰文化史》（第一册），纳忠译，商务印书馆，1982，第60页。

附近的乌卡兹集市上竞相赛诗，"凡是公认的赛诗佳作用金水誊写在细麻布上被悬挂在克尔白神庙的外墙上供人鉴赏"①，"悬诗"因此而得名。

"悬诗"共有七篇，"每一篇诗都得过乌卡兹集市每年一次的奖金，而且用泥金描绘起来，悬挂在克尔白的墙上"②，"悬诗"正是因为其被悬挂在墙上而得名。乌卡兹（又作"欧卡兹"）集市是蒙昧时代一个一年一度定期举行的大型集市，这个集市不仅是商业集会，以"解决各部落产品的交换、流通"③问题，也是蒙昧时代阿拉伯人的文学集会，诗人们在此交流，吟诵自己的佳作，以求成名。"一个诗人不在这里成名，就永不会成名"④，乌卡兹的集市，在当时不仅是商品交易的场所，也因为诗歌的存在及其地位，代表着阿拉伯人的一种文学追求。乌卡兹的繁荣，代表着的不仅是阿拉伯人在商业上的活动，更大的意义在于它代表着蒙昧时代的阿拉伯诗歌的繁荣与丰富，以及该文学形式在阿拉伯人沙漠生活中的地位与意义。而"悬诗"作品的内容也生动反映了阿拉伯古代沙漠生活的情景，是"伊斯兰教产生前阿拉伯民族生活状况、思想感情、社会结构、风土人情等

---

① 孙承熙著《阿拉伯伊斯兰文化史纲》，昆仑出版社，2001，第273页。
② 〔美〕希提著《阿拉伯通史》（上），马坚译，商务印书馆，1979，第108页。
③ 孙承熙著《阿拉伯伊斯兰文化史纲》，昆仑出版社，2001，第115页。
④ 〔美〕希提著《阿拉伯通史》（上），马坚译，商务印书馆，1979，第109页。

方面的真实写照"①。所以，透过"悬诗"的内容，我们也可窥见蒙昧时代的阿拉伯人沙漠生活的场景，正如乌姆鲁勒·盖斯的"悬诗"所述。

> 朋友们，请站住，陪我哭，同纪念，
> 忆情人，吊旧居，沙丘中，废墟前。
> 南风，北风吹来吹去如穿梭，
> 落沙却未能将她故居遗迹掩。
> 此地曾追欢，不堪回首忆当年，
> 如今遍地羚羊粪，粒粒好似胡椒丸……②

　　通过这首诗，我们可以看到诗人的描写与比喻方式，重在具体情景的观察与体会，其比喻修辞的内容也很清晰地反映了沙漠生活的一些细节。蒙昧时代的诗人，善于就生活中的某一个感动的细节，做点式的感悟与抒发，由此产生了大量的诗歌。而这些诗歌的产生，与蒙昧时代阿拉伯人的游牧生活方式密不可分。

　　比起定居城市的生活，沙漠中的游牧生活"才是诗歌的泉源，这种生活能鼓动阿拉伯人的心胸，丰富阿拉伯人的想象和言辞；使他们常常保持着自己独立的精神及孤高的特

---

① 孙承熙著《阿拉伯伊斯兰文化史纲》，昆仑出版社，2001，第 274 页。
② 孙承熙著《阿拉伯伊斯兰文化史纲》，昆仑出版社，2001，第 273 ~ 274 页。

性；不为一种权威所屈服，不受一种法律所束缚"①，而假如居住于城市，既要受到环境的拘束，又要受到各种法律、道德的限制，可能就不会酝酿出阿拉伯人在沙漠中所谱写的许多诗歌了。

诗歌的繁荣与阿拉伯人顿悟型的思维特征密切相关。阿拉伯人"研究事物，只论其特征，作概括的判断，多半由本能与印象得来"②，阿拉伯人"无论讲什么，都无暇深思，不事推敲，直感所及，便如受了感召似的，一念之下，意思便涌上心头，言辞便脱口而出"③，这种顿悟型的思维方式使得阿拉伯人具备了艺术家的天性，而"他们艺术家的天性，只能凭借语言而发挥出来"。阿拉伯人相信，"人的优美，在他的口才之中"，世界上大概没有哪个民族能"像阿拉伯人这样热情地赞扬文艺，而且为口头的或者书面的文艺所感动"。在蒙昧时代，一个贝杜因人能够以"诗歌来有效地、文雅地表情达意"，同时还会射箭和骑马，这就是"全才"④。诗歌在"蒙昧时代"阿拉伯人的生活中占有多么重要的地位，于此可见一斑。

① 〔埃及〕艾哈迈德·爱敏著《阿拉伯-伊斯兰文化史》（第一册），纳忠译，商务印书馆，1982，第23页。
② 〔埃及〕艾哈迈德·爱敏著《阿拉伯-伊斯兰文化史》（第一册），纳忠译，商务印书馆，1982，第44页。
③ 〔埃及〕艾哈迈德·爱敏著《阿拉伯-伊斯兰文化史》（第一册），纳忠译，商务印书馆，1982，第33页。
④ 〔美〕希提著《阿拉伯通史》（上），马坚译，商务印书馆，1979，第105页。

　　阿拉伯诗歌的丰富与沙漠生活的形态密不可分。阿拉伯
地区沙漠生活虽然单调与枯燥、艰难与苦闷，但并没有扼杀
阿拉伯人对生活的热情。他们将对生活的感悟、想象以丰富
的诗歌作品为载体流传给了后世。阿拉伯人善于抓住生活中
的某一个点，进行顿悟型的情感抒发，他们关于骆驼的表达
就有一千多个名词，正如希提所说的，"有一千多个名词，
是关于骆驼的各个品种和生长阶段的"①。由于沙漠的炎
热，半岛上难得刮来清凉的东北风，这种风被称为"萨
巴"，意即"东风"②，关于"萨巴"的诗歌也如汗牛充栋
一般数不胜数。

　　伊斯兰教诞生前的"蒙昧时代"的诗歌，对阿拉伯文学
文化产生了深远的影响，其中蕴含的沙漠文化气息，历久不
衰，直到倭马亚王朝时代，"阿拉伯人的诗歌，还保存着故
有的风格，诗的韵脚，诗的音律，甚至诗的题材，一切都未
脱出蒙昧时代诗歌的范围"③，以至于"千余年来，诗歌始
终带有沙漠气息。甚至开罗、大马士革和巴格达现代的阿拉
伯诗人，到现在还在自己的抒情短歌中凭吊情人已去……还

---

① 〔美〕希提著《阿拉伯通史》（上），马坚译，商务印书馆，1979，第
　　23 页。
② 〔埃及〕艾哈迈德·爱敏著《阿拉伯－伊斯兰文化史》（第一册），商
　　务印书馆，1982，第 3 页。
③ 〔埃及〕艾哈迈德·爱敏著《阿拉伯－伊斯兰文化史》（第一册），商
　　务印书馆，1982，第 143 页。

用野牛的眼睛来譬喻情人的眼睛"①，蒙昧时代诗歌的影响
之深远，可见一斑。

　　与古希腊人重逻辑、从整体全面的基础上去把握事物的
思维方式不同——"古希腊人喜欢范畴，并以此作为发现规
则和运用规则的基础。他们也相信世界的稳定性，他们从固
定的属性或性格方面来理解自然和社会世界"②——阿拉伯
人不擅长从整体上去深入探究规则究竟如何，而更善于从事
物具体的各个方面出发，抒发他们的感想与顿悟。艾哈迈
德·爱敏指出，阿拉伯人之所以擅长诗歌，是因为"阿拉伯
人喜作部分的观察，不善作整体的研究"③，"阿拉伯人观
察事物不善于用深刻的思想，只能把握着足以感动他的一
点"④，阿拉伯人的聪明并非"自出心裁的创造性的聪
明"，他们只是把一个意思变为各种形式表达出来。他们说
话的时候，翻新花样的辞语，比异想天开的意义，还要惊
人。譬如一棵树，他们会注意到树干的形态，枝叶是否茂
密，所注意的是树的各个部分，而并不注意树的整体；走进
一个花园，阿拉伯人"有如一只蜜蜂"，注意到的是每一朵

①　〔美〕希提著《阿拉伯通史》（上），马坚译，商务印书馆，1979，第
　　480 页。
②　〔美〕理查德·尼斯贝特著《思维的版图》，李秀霞译，中信出版社，
　　2006，第 96 页。
③　〔埃及〕艾哈迈德·爱敏著《阿拉伯 - 伊斯兰文化史》（第一册），纳
　　忠译，商务印书馆，1982，第 68 页。
④　〔埃及〕艾哈迈德·爱敏著《阿拉伯 - 伊斯兰文化史》（第一册），纳
　　忠译，商务印书馆，1982，第 45 页。

花里的蜜，而不是像"照相机"能将整个园景照下来。阿拉伯人的诗歌文学作品，反映了贝杜因人"不能全面透彻观察事物"①的思想特征。

　　阿拉伯人的想象力"诚然有限，不是多样化的"②，他们善于做顿悟型的情感抒发，而不擅长做缜密精细的推理。蒙昧时代的诗歌，题材并不广泛，大多为诗人沙漠生活中的点滴感悟所得，意义也并不追求深刻，多为生活经验中的琢磨与体会，"阿拉伯人，无论在蒙昧时代或伊斯兰时代，……他们的思想并不长于作整体的、全面的研究与观察；他们的观察只局限于周围的事物；眼见一物，心有所感，便作为诗歌，或发为格言"③，其特点是"简明扼要，缺乏科学结构和深刻的逻辑"④。蒙昧时代的诗歌是沙漠生活的真实写照，也是游牧生活的真实缩影，在面对宇宙和自然界时，阿拉伯人并不像希腊人那样提出"宇宙从何而来？""怎样形成？"之类的具有终极意义的问题，他们看到的更多的是沙漠中的各种景象，因此创造了这样的诗歌句子。

---

① 〔黎巴嫩〕汉纳·法胡里著《阿拉伯文学史》，郅溥浩译，宁夏人民出版社，2008，第16页。
② 〔埃及〕艾哈迈德·爱敏著《阿拉伯-伊斯兰文化史》（第一册），纳忠译，商务印书馆，1982，第41页。
③ 〔埃及〕艾哈迈德·爱敏著《阿拉伯-伊斯兰文化史》（第一册），纳忠译，商务印书馆，1982，第45页。
④ 〔黎巴嫩〕汉纳·法胡里著《阿拉伯文学史》，郅溥浩译，宁夏人民出版社，2008，第24页。

太阳不断地运行着，

从来没有在夜间涌现的太阳；

太阳升起时，光耀明亮；

当它落下时，就像黄色的郁金香；

当它在太空中运行时，

有如死亡运行在人的身上；

今天，我知道将要发生什么，

昨天，已过的事，我更是了如指掌。①

虽然阿拉伯人倾向于做片面的描写，但他能用"精致瑰奇"的文句来作"刻骨锥心"的描述，"阿拉伯人对于雕饰文词和推敲字句的本领，远远超过创造题材及充实意义的能力"②；虽然不善做整体的分析，但他们能用许多各异其趣的佳句，"反复吟咏一件东西"，所以"原本是一个单纯的意义，诗人使用起来，却能翻出许多新奇的花样"③，总而言之，"希腊人是用概括、分析研究的眼光观察事物，阿拉伯人则是盘旋于一件事物的周围，看到的是许多各种各样的

---

① 〔埃及〕艾哈迈德·爱敏著《阿拉伯－伊斯兰文化史》（第一册），纳忠译，商务印书馆，1982，第45页。

② 〔埃及〕艾哈迈德·爱敏著《阿拉伯－伊斯兰文化史》（第一册），纳忠译，商务印书馆，1982，第62页。

③ 〔埃及〕艾哈迈德·爱敏著《阿拉伯－伊斯兰文化史》（第一册），纳忠译，商务印书馆，1982，第62页。

珠宝，却没有把它穿成珠宝串"①，体现在诗歌的创作上，则表现为"内容松散，缺乏构思的逻辑性"②，因此，阿拉伯"蒙昧时代"的诗歌，"富于激动的热情，语言有力而简洁，但缺乏新颖的观念和启发思想的形象"，阿拉伯人顿悟型的思维方式既带来了丰富的诗歌作品，但同时也使其诗歌作品有着不可避免的局限，以至于这些诗歌"不能引起普遍的欣赏"，其"主题是写实的，视野是有限的，观点是地方性的"，这使得阿拉伯人"没有民族的史诗，也没有第一流的剧本"③。

"阿拉伯固有文化"时期产出了大量丰富的诗歌，这些诗歌辞藻华美，虽没有复杂广博的想象与画面，也没有精深的描写，但其中锤炼的文辞、华美的表达，至今仍是阿拉伯文学、文化所引以为傲的财富。"前伊斯兰时代的诗歌是阿拉伯语及阿拉伯文学和阿拉伯文化得以形成的重要因素，其对于阿拉伯人的思想和行为的深远影响至今依稀可见。"④诗歌记载了"阿拉伯固有文化"的精华，也深刻体现着阿拉伯民族的鲜明的思维特征。

---

① 〔埃及〕艾哈迈德·爱敏著《阿拉伯–伊斯兰文化史》（第一册），纳忠译，商务印书馆，1982，第 47 页。
② 蔡伟良、周顺贤著《阿拉伯文学史》，上海外语教育出版社，1998，第 37 页。
③ 〔美〕希提著《阿拉伯通史》（上），马坚译，商务印书馆，1979，第 108 页。
④ 〔美〕小阿瑟·戈尔德施密特、劳伦斯·戴维森著《中东史》，哈全安、刘志华译，东方出版中心，2010，第 24 页。

　　"诗歌"一词在阿拉伯语中的原意为"知道"，而"诗人"则是"学者"①的意思，由于蒙昧时代阿拉伯人对诗歌的喜爱与推崇，诗人在蒙昧时代的阿拉伯社会也有着重要的社会地位。他们大多十分受族人的尊重，因为他们身负夸耀本族功勋、血统，以及抨击、攻击氏族敌人的职责。正如阿拉伯谚语所说，"人的优美，在他的口才之中"，在蒙昧时代，"必须能以散文和诗歌来有效地、文雅地表情达意，而且会射箭和骑马，这样才配称为'全才'"②。由此可见游牧的阿拉伯人对于诗歌是多么地重视与喜爱。

　　诗歌的丰富与对诗歌的重视，是蒙昧时代的阿拉伯人"在文化上的一种优点"，他们十分擅长并喜爱"用诗歌来表情达意"，"他们的才能，在诗歌中才找到了表现的机会"③。实际上，蒙昧时代阿拉伯文学中除了诗歌的繁荣，还积累了大量的民间谚语、格言。谚语的繁荣，也证明了"阿拉伯人喜作部分的观察，不善作整体的研究"④，而谚语是产生于日常生活的一种碎片式的生活经验，谚语的获得并不需要人们对宇宙万物有多么宏观、整体的研究与把

---

① 〔埃及〕艾哈迈德·爱敏著《阿拉伯－伊斯兰文化史》（第一册），纳忠译，商务印书馆，1982，第58页。
② 〔美〕希提著《阿拉伯通史》（上），马坚译，商务印书馆，1979，第105页。
③ 〔美〕希提著《阿拉伯通史》（上），马坚译，商务印书馆，1979，第106页。
④ 〔埃及〕艾哈迈德·爱敏著《阿拉伯－伊斯兰文化史》（第一册），纳忠译，商务印书馆，1982，第62、68页。

握，也不需要特别丰富的想象或精神的研究，更多的是需要生活中的一些日常的、局部的经验，和一些突发的灵感。蒙昧时代的阿拉伯语谚语之丰富，与诗歌一样，使我们能够从中得知"蒙昧时代"的社会状况。如"椰枣加椰枣还是椰枣""丧子之母，同情丧子之母""好中藏歹"①等谚语，其朴素的表达与贴近生活的描述，使我们可以窥见游牧生活中的点滴经验，了解当时社会的概貌。

诗歌、谚语这些文学作品的共同特点是立足社会现实，真实反映阿拉伯人的沙漠生活与游牧生活，其产生与繁荣同阿拉伯人擅长顿悟型的思索，喜作部分的观察而非整体逻辑研究的思维内质有关。

游牧生活中诗歌与谚语的繁荣，很好地体现了阿拉伯人思维方式顿悟型、发散式的思维特征。"蒙昧时期诗人们习惯对事物表象的描摹，缺乏精巧构思和缜密的逻辑思维。"②这是源于阿拉伯沙漠环境对阿拉伯人的影响，这种重片段式经验的顿悟而非整体逻辑推理的思维方式，正是源于沙漠环境对人的限制与束缚。沙漠中，生活场景单调而重复，环境艰苦而枯燥，人们不怎么需要认识宇宙万物，也不太需要丰富的想象与精深的研究，而只是需要关于日常生活

---

① 〔埃及〕艾哈迈德·爱敏著《阿拉伯－伊斯兰文化史》（第一册），纳忠译，商务印书馆，1982，第62、68页。

② 陆培勇、陆怡玮编著《阿拉伯古代文学作品研究》，上海外语教育出版社，2006，第9页。

的局部经验。这种片段式、部分的、重顿悟的、零散的思维方式，使阿拉伯人具备倾向于发散式的思维特征，而不具备重逻辑、严密精细等特点。

## 三　个人主义："不驯服"的个人①

沙漠生活的自然环境、社会组织形式，不仅形成了阿拉伯人的部落宗派主义，也酝酿出了阿拉伯贝杜因人突出的个人主义。只不过，这种个人主义并未高于部落宗派主义，而是从属于部落宗派主义的一种个人主义。

沙漠中贝杜因人的社会组织形式为部落、氏族。部落、氏族以血缘为基础，其代表为名誉领袖"谢赫"（sheikh，又译"舍赫"，义为"长者""老人家"），谢赫是部落社会中德高望重、仗义疏财且骁勇善战的人，他必定得到了本族人的普遍高度认同。但谢赫与部落其他成员之间是一种平等的关系，"他的职权是仲裁而不是命令，是遵循而不是引导部落的统一意志"②，他在公共事务中凭经验、威望和感召施加影响，因此，"'舍赫'并不是独断独裁的，他必须召集由本族各户户长组成的部族会议，他的任期的长短，由选

① 秦惠彬主编《伊斯兰文明》，中国社会科学出版社，1999，第9页。
② 金宜久主编《伊斯兰教史》，江苏人民出版社，2006，第23页。

民全体来决定"，部落内部的成员关系强调人与人之间的平等，每个部落成员都"以平等的地位和他的'舍赫'见面，他所处的社会，使得人人都处于平等地位"，并使得贝杜因人，"生来就是民主主义者"①。这种社会组织形式不仅形成了贝杜因人基于血缘关系的宗派主义观念，也形成了部落中的个人主义思想。

对待氏族外部的群体，贝杜因人展现出的是对自身部落、氏族的高贵血统的自豪，对自身血缘的强烈的优越感，但在部落内部，个人主义的思想使他们本能地强调人与人的平等。尽管谢赫是氏族部落的领袖，但贝杜因人仍可以"不执行首领的决定"，他们最大的特点就是"不驯服"，"阿拉伯人的生活习惯，是不愿受任何一种权力束缚的"②，"极端的个人主义和绝对的自由是贝都因人心理活动的重要因素"③。尽管他们对外强调部落氏族的利益高于一切，但在部落内部，贝杜因人"同时又坚持个人自由独立，十分重视个人荣誉，他不愿意为任何机构和个人效劳，不屈服于任何权威，包括本部落酋长在内"④。

---

① 〔美〕希提著《阿拉伯通史》（上），马坚译，商务印书馆，1979，第30页。

② 〔埃及〕艾哈迈德·爱敏著《阿拉伯－伊斯兰文化史》（第一册），纳忠译，商务印书馆，1982，第16页。

③ 秦惠彬主编《伊斯兰文明》，中国社会科学出版社，1999，第9页。

④ 见王保华《阿拉伯国家的基本社会形态及主流价值观》，张宏主编《当代阿拉伯研究》（第2辑），宁夏人民出版社，2009，第16页。

贝杜因人的这种个人主义鲜明地体现在他们对自由的要求上，那是一种绝对的个人的自由，而非社会的自由。沙漠中无羁无绊，自由自在，无拘无束，沙漠、土地并不能约束贝杜因人，也没有政府的管辖或制度的约束。因此，贝杜因人不能容忍任何的法律、制度的约束，而只能接受氏族形成的习俗规范，他们更不能忍受外来的压迫和强制，会反抗任何外来的权力与权威。他们的个人主义使他们绝难屈服于任何领袖，也因此在沙漠生活中，会有连绵不断的复仇与战争。

诚如希提所说，个人主义是阿拉伯贝杜因人的"另一种明显的特性，这种特性是根深蒂固的，因此，贝都因人不能把自己提高到一个国际型的社会成员的地位"①，而个人主义与宗派主义这两个非社会的特征，在伊斯兰教诞生后，"随着阿拉伯人性格的发展……并没有消灭，反而暴露出来，终于成为伊斯兰教各国分裂和灭亡的决定性因素之一"②。

在沙漠部落生活中，"宗派主义，是由氏族成员的个人主义发展而成的"③，部落、氏族的利益高于个人利益，所

---

① 〔美〕希提著《阿拉伯通史》（上），马坚译，商务印书馆，1979，第26页。
② 〔美〕希提著《阿拉伯通史》（上），马坚译，商务印书馆，1979，第30页。
③ 〔美〕希提著《阿拉伯通史》（上），马坚译，商务印书馆，1979，第30页。

以，阿拉伯贝杜因人的这种个人主义是宗派主义的基础，其个人主义与宗派主义同时存在于价值观体系中并同样占有重要的地位就一点也不奇怪了。"麦加的政府是简单、直接、没有组织和极度民主的。各氏族的族长和领导人组成一个像参议会那样的会议来开会议事，但每一个氏族都是独立的，可以各行其是。"①沙漠环境赋予了阿拉伯人自由不羁的生活空间，部落生活人人平等的状态，形成了阿拉伯贝杜因人的个人主义思想，养成了贝杜因人自由不羁的散漫性格。"阿拉伯人好高骛远，桀骜不驯，意见分歧，争为首领，意志很少一致。除宗教先贤及宗教遗迹外，他们对任何国王都是不服从的。"②这种不驯服的散漫性格也使得半岛上的各部落长期处于一种政治上一盘散沙的状态，各部落之间连年征战的灾祸也使得他们疲惫不堪，直到穆罕默德创立了伊斯兰教，提出的"穆斯林皆兄弟"的口号，才"将一个散漫无纪的阿拉伯民族统一起来"③。但这种政治上的统一并未能完全消除阿拉伯贝杜因人文化上的散漫性格，相反，这种基于沙漠游牧生活的散漫性格，作为阿拉伯固有文化传统中的因素，深深地印刻在了阿拉伯人的民族性格中，直到今天仍对阿拉伯民族的价值观、行为方式产生着重要而深刻的影响。

---

① 〔美〕西·内·费希尔著《中东史》（上），姚梓良译，商务印书馆，1979，第23页。
② 〔埃及〕艾哈迈德·爱敏著《阿拉伯-伊斯兰文化史》（第一册），纳忠译，商务印书馆，1982，第35页。
③ 杨军、张士东著《阿拉伯人》，东方出版社，2008，第46页。

# 第四章

# 享乐主义与乐观精神

　　阿拉伯半岛的气候炎热干燥，南来的印度洋季风虽能带来雨水，但只能影响半岛南部的沿海地区，到不了半岛腹地，因此半岛上的旱季特别长，有些地方终年无雨。这种气候使得"阿拉比亚没有一条重要的河流是常年流入海里的"①。

　　阿拉伯半岛沙漠广袤、雨水奇缺、空气干燥、植被稀疏，生存环境极为恶劣。这样的地理环境对阿拉伯民族性情的塑造影响深刻。在沙漠的环境下，人类的渺小与自然的威力形成强烈的反差，很难形成"人定胜天"的信念，阿拉伯人在严酷的自然环境下，"心性未有不驰思于仁慈的造物、化育的主宰的"②，大多时间里人类所感受到的是人力的渺小与自然的强大。除了天灾难测，人祸也不断。半岛上的贝杜因人，为了求生存，不仅要与大自然抗争，还需要时时与不同的部落争抢沙漠中有限的资源。为了抢夺水源和草地，半岛上部落氏族之间的战争与仇杀是十分常见的。

　　沙漠地带，生物稀疏，人迹罕至，没有肥沃的田野，也没有茂密的森林。贝杜因人面对沙漠与苍穹，目无所障，"烈日当空，则脑髓如焚；明月悠悠，则心花怒放；星光灿

---

① 〔美〕希提著《阿拉伯通史》（上），马坚译，商务印书馆，1979，第18页。
② 〔埃及〕艾哈迈德·爱敏著《阿拉伯－伊斯兰文化史》（第一册），纳忠译，商务印书馆，1982，第48页。

烂，则心旷神怡；狂飙袭来，则所当立摧"①。在这样无常
与无序的环境与生活中，人很容易形成宿命论的价值取向，
因而阿拉伯人形成了"今朝有酒今朝醉"的享乐主义态度。
同时，为了在艰难环境的挑战下求生存，一种面对残酷现实
以积极态度接受的"既来之，则安之"的乐观精神，也成了
必不可少的人生态度。

## 一　阿拉比亚人具有享乐主义性格

"享乐主义（hedonism）一词原意来自希腊伊壁鸠鲁学
派，认为快乐是最大的善，快乐主要在于心灵宁静，但感官
的享乐也是必须追求的。"②

享乐主义是人生观的一种表现形式。人生观的形成，与
一定的物质生活环境紧密相连。特定的生活环境、物质条件
会对人生观的形成产生一定的影响。沙漠环境、游牧生活、
部落组织这些贝杜因人的生活中的要素都对其人生观的形成
产生重大的影响。沙漠环境的无常，游牧生活的艰苦，使得
阿拉伯人必须抓住眼前的现实，关注物质生活的需求，因此

① 〔埃及〕艾哈迈德·爱敏著《阿拉伯–伊斯兰文化史》（第一册），纳
忠译，商务印书馆，1982，第49页。
② 见张永红《享乐主义的成因、实质及危害》，《山西师范大学学报》
（社会科学版）2004年第1期，第17～22页。

"阿拉比亚人具有享乐主义的性格"①。

　　享乐主义的要义，"是将人生快乐简单地等同于物质快乐，所以，对幸福的追求在这里也就自然地演化为对物质享乐的追求。它的价值导向不是去追求什么神圣的东西，因为，在他们看来根本就没有什么神圣的东西，实在的东西是那些能满足人们物质需求与感官欲求的东西"②。贾希利叶时期，生活在阿拉伯半岛上的贝杜因人，由于沙漠环境的恶劣与人力的有限，"他们大部分的思想，贯注在眼前的生活问题上，没有多余的功夫去专心思考来生的问题"③。那时候，"贝杜因人对于宗教，确是漠不关心的"④，相比于神圣的信仰，如何能够满足残酷的沙漠生活在物质层面的挑战，是贝杜因人日常生活中更为迫切需要解决的问题。

　　贝杜因人的生活，是"靠天吃饭"的。为求生存，他们在沙漠中迁徙是常态。他们所赖以生存的全部资产，就是他们所蓄养的牲畜，放牧牲畜，全靠水草和雨水，如果遇到好的水草资源，赶上炎热的天气中有凉风袭过，世界就犹如天国般清澈，那种幸福哪怕只有一瞬间，也是一定要把握住

---

① 〔美〕希提著《阿拉伯通史》（上），马坚译，商务印书馆，1979，第119页。
② 见张永红《享乐主义的成因、实质及危害》，《山西师范大学学报》（社会科学版）2004年第1期，第17～22页。
③ 〔美〕希提著《阿拉伯通史》（上），马坚译，商务印书馆，1979，第119页。
④ 〔美〕希提著《阿拉伯通史》（上），马坚译，商务印书馆，1979，第27页。

的，所以"阿拉伯人称'雨水'为'救星'"①。当风沙和寒冷不期而至，世界可能在转瞬间变成地狱，此时贝杜因人最大的依靠，只能是自己的体能实力和部落氏族成员间的相互照应。除了应付天灾，沙漠中还得时时防范其他部落氏族的抢掠与争夺，生活条件可谓极为艰苦。在极端不稳定的生活状态下，贝杜因人必须学会充分把握每一个瞬间的欢乐与幸福。

现实的民族，会充分认识到理想与现实之间的距离，或者事实与空想之间的差别。沙漠的广阔无垠给予了阿拉伯人广阔的对天地的想象空间，然而，"不稳定的游牧生活，使人们感到有一种不可捉摸的力量难以抗拒和抵御"②，残酷的现实生活条件也使他们充分地意识到生存现实的艰难。阿拉伯语中，表达"灾祸"的词有四百多个，哪怕是阿拉伯文学家，都未必能尽用，可见在阿拉伯人的沙漠游牧生活中，灾祸有多么频仍。甚至有人形容，在阿拉伯语中，学习"灾难"一词本身就是灾难，因为表达这个意思的词实在是太多了。可见，阿拉伯人在沙漠中身处的并非舒适安逸的环境，而是天灾人祸频繁，挑战不断的生活环境。阿拉伯贝杜因人在天灾人祸频发的人生中，只好把享乐看作寻求替代性感受的主要途径。"人不能在许多方面都耗尽生命而仍深陷于不

①　〔埃及〕艾哈迈德·爱敏著《阿拉伯-伊斯兰文化史》（第一册），纳忠译，商务印书馆，1982，第49页。
②　金宜久主编《伊斯兰教史》，江苏人民出版社，2006，第34页。

幸"，阿拉伯贝杜因人唯有"试图通过各种享乐活动来唤醒和表现自己的生命价值，通过对自身感觉的强烈刺激来抵消生活情境和生存境况所生成的怠倦或厌恶，渴望在享乐中丰富自身并超越苦闷"①。

追求感官的享受，原本就是人的一种本能。面对这样环境下的生命无常和对未知生活的不确定，游牧的贝杜因人自然产生了及时行乐的理念，在极端困难的沙漠环境中，衍生出一种享乐主义的生活态度。贝杜因人唯有"试图借享乐的感官快感，暂时地忘却普遍的苦难与不安。正是这种替代性感受，才使他们获得解脱感，继续使之与身边的生活发生关联"②。如一首阿拉伯古诗所言。

> 我们逍遥在世间，
>
> 不管富人和贫民，
>
> 终归空虚的坟茔，
>
> 坟外石板盖得严。③

既然沙漠中的生活已经如此艰苦，能否生存下去已经构

---

① 见丁大同《享乐主义观及其批判》，《理论与现代化》2014 年第 2 期，第 104~110 页。
② 见丁大同《享乐主义观及其批判》，《理论与现代化》2014 年第 2 期，第 104~110 页。
③ 〔美〕希提著《阿拉伯通史》（上），马坚译，商务印书馆，1979，第 119 页。

成了人生的巨大挑战，今天不知明天会有什么天灾人祸降
临，那么把握当下，充分享受眼前的欢乐就成为一种人性自
然的选择。

这种反映"活在当下、及时行乐"取向的诗歌在中国古
代也有，但与这首阿拉伯古代诗歌中体现的享乐主义倾向略
有不同。唐代李白有"人生得意须尽欢，莫使金樽空对月"
的佳句，其中包含的是一种对人生自我圆满的追求，表达了
他想要摆脱俗世中各种束缚的超脱的愿望。李白的超脱，是
一种阅尽繁华之后感到"一切不过如此"的淡然，因此何不
"尽欢"，以求莫负岁月。

但这首阿拉伯古诗中所蕴含的"逍遥"是因为"终归空
虚的坟茔"，表达出人生终究不过如此的虚无感，且"坟外
石板盖得严"，死亡几乎触手可见，其阴影从未远离，那么
活着的每一天就不如"逍遥在人间"，把"岁月"搁在一
边，将关注放回自身活着的体验，得乐且乐，只要得以享受
一天的生活，就尽情去享受。

在极为艰苦的生活条件下，阿拉伯贝杜因人一方面能事
事知足，吃苦耐劳，坚韧不拔，但另一方面，"他们也总是
苟且偷安，不力图改善自己的环境和生活现状"①，在逆境
的逼迫下，阿拉伯贝杜因人难免产生消极的情绪，趋向及时

① 〔黎巴嫩〕汉纳·法胡里著《阿拉伯文学史》，郅溥浩译，宁夏人民出
版社，2008，第7页。

行乐的心理状态。

　　由于沙漠生活的无常与无序、极端与残酷，"蒙昧时代"的阿拉伯人养成了享乐主义的习性，而这种享乐主义的典型体现，就是狂饮的习俗。贝杜因人"历来有狂饮的习惯，往往是一醉方休"，甚至在早期伊斯兰文学中，"也不难见到颂扬酒神的诗篇"①。以狂饮为典型体现的享乐主义在"蒙昧时代"是一种沙漠中普遍的价值趋向，"蒙昧时代的阿拉伯人嗜酒如命，豪饮无度，酷爱饮酒达到无以复加的程度"②，他们以豪饮为荣，当时的诗歌中也出现了咏酒的诗篇，如"一杯乐悠悠，再喝尽解愁。世人皆知我，平生难离酒"③。在当时的阿拉伯半岛上，为了喝酒而挥金如土的例子并不少见，"有的甚至为喝酒卖掉家产与奴隶，认为这事关一个男人的尊严和体面"④。

　　这种狂饮的习俗给沙漠中的阿拉伯人生活带来了不少负面影响，"今朝有酒今朝醉"的狂饮习气使得阿拉伯人在酒后容易酿成蛮干、殴斗、仇杀等后果，给当时的阿拉伯社会造成了不少不安定的局面。因此，先知穆罕默德在接受了真主启示后，决心引导人们走向正道，故而伊斯兰教倡导节欲自制，更严禁饮酒。《古兰经》（5∶91）中说道："恶魔惟

① 李绍先、王灵桂著《一脉相传阿拉伯人》，时事出版社，1997，第262页。
② 寇巧真著《古阿拉伯生活》，汕头大学出版社，2009，第120页。
③ 寇巧真著《古阿拉伯生活》，汕头大学出版社，2009，第120页。
④ 寇巧真著《古阿拉伯生活》，汕头大学出版社，2009，第123页。

愿你们因饮酒和赌博而互相仇杀"，明令禁酒。如希提所说，"阿拉比亚人原是饮酒无度，狂嫖滥赌的，《古兰经》的一节明文，把酗酒和赌博一次就禁绝了"①。有人曾将蒙昧时代的习俗与伊斯兰教所倡导的新秩序做过一番对照。

> 我们原是蒙昧的人民，崇拜偶像，吃自死物，干丑事，遗弃至亲，背信弃义，弱肉强食。我们一向就是这样生活着，直到真主给我们派遣了一位本族的使者，我们知道他的祖宗，看出他的诚实、忠贞和廉洁。……他命令我们诚实不欺，对人公道，联系至亲，和睦邻里，不干坏事，不杀无辜。他禁止我们做丑事，作伪证……②

通过这段对照可以看出，蒙昧时代的贝杜因人社会存在不少陋俗，但这些陋俗在伊斯兰教诞生之后，在价值取向上都得到了修正。

蒙昧时代的享乐主义是伊斯兰教诞生以后倡导修正的价值观，在伊斯兰教诞生后，穆罕默德致力于倡导一种节制、忍耐的品质，他本人就是节欲自制、忠贞廉洁的典范。据圣妻阿依莎说，"圣人从不饱食，从不向任何人哭穷叫苦，他

---

① 〔美〕希提著《阿拉伯通史》（上），马坚译，商务印书馆，1979，第140页。
② 〔美〕希提著《阿拉伯通史》（上），马坚译，商务印书馆，1979，第141页。

喜清贫、厌豪华，因饥饿他整夜腹疼，第二天却照常封斋"①，圣人倡导的这种节欲、自制、坚忍的生活态度，为沙漠生活所需，但与贝杜因人在沙漠生活中形成的固有的享乐主义原则截然相反。这种节制与忍耐的品格并非"阿拉伯固有文化"中的因子，而是随着伊斯兰教的诞生而逐渐养成的性格。而享乐主义并未随着伊斯兰教的诞生而完全消失，而是持续存在于阿拉伯人的价值观念中。伊斯兰教兴起之初，"倭马亚族及哈西姆族的许多青年所过的生活，与其说是伊斯兰教时代的生活，毋宁说是蒙昧时代的生活：他们纵酒行猎，纵欲调情"②；阿拔斯王朝时期，如艾哈迈德·爱敏在《阿拉伯－伊斯兰文化史》中所说："在那个时代，人们都在尽情享乐，挖空心思地寻找乐趣。一样玩腻了，又发明一样。人们稍为平静下来，一些带头的人便使劲鼓动，尽情欢乐。"③可见，享乐主义的倾向并没有止步于蒙昧时代的结束，而是长远地存续在了阿拉伯文化的传统中。

随着历史的演进，阿拉伯固有文化中的享乐主义倾向，与伊斯兰教倡导的节欲自制，这两种文化上的矛盾并没有产生非此即彼的效果，而是作为一组矛盾的整体，化在阿拉

---

① 〔埃及〕穆罕默德·胡泽里著《穆罕默德传》，宁夏人民出版社，1983，第304页。
② 〔埃及〕艾哈迈德·爱敏著《阿拉伯－伊斯兰文化史》（第一册），纳忠译，商务印书馆，1982，第87页。
③ 〔埃及〕艾哈迈德·爱敏著《阿拉伯－伊斯兰文化史》（第二册），朱凯、史希同译，纳忠审校，商务印书馆，1990，第94页。

伯－伊斯兰文化的传统内涵中存续下来。直至今天，我们都
可以看到当今的阿拉伯文化中显现的享乐主义与节欲自制的
两重性，或者说互为悖论的特征。

## 二 乐观精神："困难的事或许会变得容易"

"乐观"是一个心理学上常见的表达，现代积极心理学
对于"乐观主义"或"乐观精神"投以了高度的关注，进行
了深入的研究。但"乐观主义至今没有一个统一的定义。目
前有关乐观主义的研究中，研究者普遍认为乐观是人格中较
为稳定的一种特质，比较受到认可的定义主要有两种，一种
是乐观人格倾向，也叫气质性乐观；另一种是乐观解释风
格"①。

根据第一种关于乐观人格倾向的解释，"乐观是一种对
未来发生事件的正性预期的倾向，也是一种对人对事的态
度。如果个体对事物抱有乐观态度，表明他对未来发生的事
件作积极和正向的预测，相信未来有好结果产生，等等。这
种态度可以泛化到他生活中的每一个方面和每一种具体的场

---

① 见姜婷娜、张宁、董霞《国内外乐观主义的测量概述》，《中国健康心
理学杂志》2008 年第 11 期，第 1313～1315 页。

合，并对其认知和行为产生影响"①。这种解释下的"乐观"主要倾向于表达能够对未来将要发生的事产生积极的心理预期，这种类型的"乐观"多见于西方以个人为中心的文化中。

另一种关于"乐观"的定义，被称为"乐观解释风格"，认为"乐观是指积极地接受当前的生活状况，而不是期望将来生活中发生好的事情"②，一般认为这种关于"乐观"的解释更适用于东方以情境为中心的文化中的人群，比如中国文化中的个体。如中国谚语"塞翁失马，焉知非福"，不仅体现对未来的积极期望，更多地体现了对环境、现有条件的适应，以及对已发生的不利事件的积极解释。

无论是根据上述哪一种关于"乐观主义"的解释，"阿拉伯固有文化"中都体现着充分的乐观精神。

"乐观是各民族文化价值观念中普遍重视的一种品质，被视为推动人类文明进步的文化机制。"③在沙漠中求生存的阿拉伯人，其日常生活中面临的各种困难与艰辛是不言而喻的，这种环境锻炼出了阿拉伯人会对各类残酷、困难的挑战采取积极的接受态度。唯有如此，阿拉伯人才能在极为残酷、恶

---

① 见谢晓非《乐观与冒险》，《北京大学学报》（自然科学版）2001 年第 6 期，第 859 ~ 868 页。
② 见齐晓栋、张大均、邵景进、王佳宁、龚玲《气质性乐观与心理健康关系的元分析》，《心理发展与教育》2012 年第 4 期，第 392 ~ 404 页。
③ 见霍涌泉、陈永涌、郭祖仪《中国传统文化中儒道互补的乐观心理思想探微》，《心理学报》2013 年第 11 期，第 1305 ~ 1312 页。

劣的沙漠环境中，应对自然的挑战，成功地繁衍生息。

　　沙漠游牧生活的严酷挑战，使得阿拉伯人历练出了积极的心理应对机制，具有了乐观的精神和品质。语言是折射文化的一面镜子，阿拉伯语很好地反映了阿拉伯沙漠文化所具有的乐观精神。"困难的事或许会变得容易"，这是一句阿拉伯人的谚语。恶劣的自然环境，使得阿拉伯人乐观豁达，性情豪放。阿拉伯人是世界上少有的乐观开朗、崇尚豪迈的民族，与东方民族性格多倾向安静、内敛、谨慎、持重不同，沙漠文化影响下的阿拉伯人的性格是热情、好动、轻快、乐观。

　　类似于"困难的事或许会变得容易"这样的反映阿拉伯人乐观、开朗、积极性格的阿拉伯语谚语还有很多，比如"心胸开阔，生计无穷""世上无难事，事既已出必不难""黑夜过后是黎明""谁坚韧不拔，便能实现自己的愿望""有什么福利不能靠辛劳去实现呢？""谁付出辛苦，必会有满意的结果"，这些都是倡导人们乐观面对生活，积极坚强地通过自己的努力去追求目标的谚语；也有像"恐惧不能阻止死亡，却能妨碍生活"这样倡导人们乐观生活，微笑面对困难，不要以消极恐惧面对生活的例子。

　　在乐观的指向上，"阿拉伯固有文化"中的人们以把握当下生活、寻求快乐为原则。比如，"困难的事或许会变得容易"，这句阿拉伯语谚语充分体现了阿拉伯人在面对消极的现状时，抱持的积极接受心态。又比如"黑夜过后是黎明",这句谚语也体现了阿拉伯人在面对逆境时的一种乐观积极的心态。另外,阿拉伯人的谚语中,也有类似"塞翁失马,焉知非福"的例子,劝导人们无论现状多么糟糕,都要以积极接受的心态来面对现实,把握当下的安乐与幸福,而不能因为糟糕的现状,就轻易放弃当下的坚持,而应知足并积极应对。

在乐观的实现机制上,"阿拉伯固有文化"提倡以积极的内心状态来接受现实、争取未来,获得快乐和幸福的感受。阿拉伯人懂得要在困苦的生活环境中积极争取,勤勉努力,以获得快乐和幸福的感受。这种乐观的精神,在阿拉伯语的语言现象中多有体现。

> 只要追求,就能获得。
>
> (أطلب تظفر.)
>
> 有什么福利不能靠辛劳去实现呢?
>
> (أي المرافق لا تدرك بالمتاعب؟)
>
> 谁付出辛苦,必会有满意的结果。
>
> (من تعب في البداية ارتاح في النهاية.)
>
> 每一位勤奋者,都会有一份收获。
>
> (لكل مجتهد نصيبه.)[①]

---

① 周烈、蒋传瑛著《阿拉伯语与阿拉伯文化》,外语教学与研究出版社,1998,第 109~111 页。

　　这些谚语无不体现了阿拉伯人对生活积极进取的态度。沙漠生活的自然环境给阿拉伯人带来了严酷的考验，在沙漠贫瘠、恶劣的生活环境中，阿拉伯人终年为了生存而漂泊，饥饿、干渴、劳累、炎热、狂风、黄沙是他们每天都在面对的现实，在这样的现实中，能够生存下来就是胜利，只要活着就是幸运。在漫无天际的黄沙面前，只要能获得生存的权利和机会，任何事都没什么大不了。不仅如此，游牧生活中频繁的战争与劫掠，使他们常常在面对自然的挑战之余还须面对人祸的降临，生活的质量不是贝杜因人首要考虑的问题，能否安全地在沙漠中存活才是他们生活中所需要考虑的头等大事。城市生活的客观条件必然要比沙漠环境舒适，但人类的心态也会有所变化，对生活的索求也就有所不同。沙漠中自然环境的恶劣，既练就了阿拉伯人强悍的体魄，也塑造了阿拉伯民族乐观坚强的性格。

　　在谈及乐观和悲观的差别时，我们常常会用不同的人看见半杯水时的不同心理反应作为例子。乐观的人看见半杯水时会想到：太好了，还有半杯水；而悲观的人则会认为：糟了，只剩下半杯水了。实际上这与人内心对外界的心理期待有关。乐观的人总觉得“事情可以变得更糟，所以现状已经很好”，而悲观的人期待的总是“事情应该更美好，所以现状很糟糕”。阿拉伯人的乐观源于沙漠生活所培养出来的对外界的低期待，沙漠环境残酷而恶劣，让人无法报以很高的心理期待。如要在沙漠中存活，首先在心理上必须养成对环境低期待的心态。在低期待的心理状态下，人就比较容易养成乐观的心态。生活环境的粗糙与恶劣，不允许阿拉伯人对环境报以高度的期待，只要能遇见水源，无论是多么小的一洼水，也能带给部落生的希望，只要能遇见水草，哪怕是多么小的一片绿色，也能让骆驼和牲口得以继续在沙漠中赶路。可以说，没有比生存更大的难题，也没有比生存下来更好的事情了。既然人还活着，那就没有什么不可克服的困难。阿拉伯人的乐观是一种沙漠生活培养出来的骨子里的乐观。

汉语里有谚道："世上无难事，只怕有心人。"这句话里不仅有倡导恒心毅力的意思，也透出了中华文化中的乐观精神。但阿拉伯谚语中所表现的乐观则更为彻底，"世上无难事，事既已出必不难"，这句话里的世上无难事，不是说遇到"有心人"就可以克服所以"无难事"，而是说事情既然发生了，就不会是难事。阿拉伯人相信，无论多大的困难，"困难的事或许会变得容易"，人不必过分地担心与忧虑。这种乐观精神是沙漠培养出来的彻底的乐观，在生死边缘求生存的阿拉伯民族因此养成了骨子里的乐观精神。

事实上，"倡导乐观主义精神并不是要一种'集万千宠爱于乐观一身'的盲目乐观，而是建立在个体对危机源刺激客观评估基础之上的有限度的、现实的乐观。因为只有有限度的现实乐观才能在乐观与现实之间寻求到心理和谐和平衡的支点，也只有现实的乐观才能赋予个体独特的生命意义和

价值，从而保证个体既能乐观地面对生活又不自欺欺
人"①。"阿拉伯固有文化"中的乐观精神，并非脱离了现
实的盲目乐观，而是一种应对自然挑战时，人类产生的积极
心理机制。

在沙漠逐水草而居的生活中，当阿拉伯人在遇到丰饶的
水草，得以充分滋养和休息时，部落的力量得以存续和发
展，他们便自然能看到乐观精神产生的积极和坚持的成果；
当阿拉伯人在沙漠中跋涉千里而不得水源和草地，且遇到骤
然突变的狂沙吞噬，生命的延续似乎根本不在于人力可控的
范围，人们难免在心态上向宿命倾向逃遁，而更加在意把握
当下的点滴快乐与幸福，倡导及时行乐的享乐主义也就油
然抬头。因此，享乐主义和乐观精神，这两种看似矛盾的
价值取向并存于阿拉伯人的性格中。这组矛盾和悖论，直
至今天依然在和阿拉伯人的交往中清晰可见，顺境和逆境
中的阿拉伯人体现的心理状态往往多有不同。

---

① 见段海军《追寻生命的意义：积极心理学视野下的乐观主义价值》，
《心理学探新》2011 年第 1 期，第 9～13 页。

# 第五章

# 现实主义与务实精神

阿拉伯－伊斯兰文化对言语之美的追求众所周知。讲究辞藻瑰丽、言语华美是阿拉伯语言文学作品鲜明的特点。这种对言语之美的追求甚至"使字面之美和诗句之美压倒内容和逻辑之美。在阿拉伯的话语中，重形式，轻内容，阿拉伯人写文章往往缘于对修辞学的热爱，非常喜欢运用修辞手法而忽略文章内容。阿拉伯绝大多数演讲词都旨在宣传使命而不是思想，首尾呼应、逻辑清晰的思想演绎相当罕见"①。

阿拉伯语是闪族文字的一种，在很多方面也是其中最丰富的一种。阿拉伯人在中世纪的翻译运动中将世界各地的文献译成了阿拉伯语，这些译作"获得修饰而深入人心，其文字的优美在人们的血管里川流不息"②，而阿拉伯人自认的最高成就，也是"诗和与它结合的修辞学"③，对言语形式之美的追求，是阿拉伯－伊斯兰文化具有深远历史渊源的特点。对言语之美的追求使阿拉伯民族自古以来就以能言善辩著称，也使得人们常常认为阿拉伯文化传统的导向是轻实干，重言谈，误以为阿拉伯人的价值观是浪漫而不务实的。

然而，实际上，沙漠中的阿拉伯人是一个务实的民族，

---

① 见〔科威特〕苏莱曼·易卜拉欣·阿斯凯里《在与西方对话中重构阿拉伯自己的话语》，齐明敏译，《回族文学》2006 年第 6 期，第 50 ~ 55 页。

② 〔英〕伯纳·路易著《历史上的阿拉伯人》，马肇椿、马贤译，中国社会科学出版社，1979，第 149 页。

③ 〔英〕伯纳·路易著《历史上的阿拉伯人》，马肇椿、马贤译，中国社会科学出版社，1979，第 155 页。

他们深具现实主义的价值取向。阿拉伯半岛气候炎热，雨水稀少，多是荒凉不毛之地。阿拉伯贝杜因人以逐水草而居的方式图生存，在沙漠中日夜迁徙，跋涉千里。一旦在迁徙的过程中发现了水源和草地，他们必须充分地利用每一次的机会，将每一洼水源、每一片草地的资源尽用。如果不能够在遇到水源时充分利用机会，那么不知道在未来的历程中，何时才有遇到下一处水源的机会。如果碰到一只猎物，不将其捕获食用，可能会因为再也找不到猎物而饿死。要活下去，首先必须解决摆在眼前的现实困难。在沙漠中的生活，使阿拉伯人"在大多数情况下，都是倾向于用物质的原因去分析事物，他们可算是物质派的典型人物……物质高于权力，财富被看作荣誉的象征，掠夺的财富是他们的主要生活来源"[1]。他们面对烈日炙烤下的沙海，每天必须解决的是如何活下去的问题，他们必须适应酷热难忍又变化无常的沙漠天气，这在阿拉伯人的性格中培养了务实的一面。

所谓现实主义，就是要将人性及其需要放在价值取向的出发点上，"现实主义在抽象概念和具体发生矛盾的时候，总是摈弃抽象概念而坚持具体利益"[2]。常年面对艰难的现实，"阿拉伯固有文化"逐渐形成了一种务实的精神传统，在阿拉伯人的价值观中有明显的体现。本章试图从重视行动

---

[1] 蔡德贵著《阿拉伯哲学史》，山东大学出版社，1992，第11页。

[2] 李小兵著《现实主义：西方行为的根源》，黑龙江教育出版社，1996，第16页。

力、崇尚坚韧与忍耐、提倡勤俭三个角度来分析研究阿拉伯民族在沙漠文化影响下的现实与务实精神，以及务实精神在阿拉伯民族重商传统中的体现。

## 一　重视行动力

尽管在当代的跨文化交际过程中，不少人觉得阿拉伯人的办事不免拖拉，时间观念未免不强，因此误认为阿拉伯人是不务实、不现实的民族。其实不然，阿拉伯民族在沙漠生活中的确养成了一定的散漫性格，也在生活中有一定的影响。但这并不代表阿拉伯民族不务实、不现实。实际上，阿拉伯民族在沙漠生活中培养了鲜明的具有务实精神的性格，阿拉伯人具有十分重视行动力的传统。

我们可以从语言的角度来看，在阿拉伯语中，"知（علم）"与"行（عمل）"是两个在字面结构上很相近的词，它们的根母完全相同，只是字母排列的顺序不一样。另外，"世界（عالم）"这个词与"知""行"的根母也一样，只是多了一个对词义并不产生影响的附加的字母"艾利夫（ا）"。也就是说，从阿拉伯语的词汇学的角度看，"世界"、"知"与"行"三个词在逻辑和内涵上有着深刻而紧密的联系。在阿拉伯语中，"知""行""世界"构成了论证真理存在的三个维度，即三者分别一一对应于"知

（النظر）" 与 "行（العمل）（）" 及 "检验的范围
（ميدان التحقق）"。① "行" 与 "世界" 之间有着深刻而密切
的联系，"行"（或者说 "实践"），是检验 "知"（或者
说 "认识"）是否真理的标准，而世界就是检验真理的 "范
围" 或者说 "场所"。

另外，在阿拉伯语中，有许多重视行动力、提倡实干
的谚语，如 "说空话破坏何其容易，干实事创造何其艰难"
"说的话也许会随风而逝，但行为永存" "多干少说是一种
高贵的行为" "智者凭实干，愚者凭空想" 等，也有表达务
实精神、把握当下、重视实践的例子，如 "实践是最好的证
明" "最好的买卖是一手交钱，一手交货" "少总比无强"
"手中的一只鸟胜过树上十只鸟"② 等。

这种沙漠生活中培养出来的重视行动力、重视实践、提
倡实干、重在把握当下的务实精神，随着阿拉伯民族的发展
不断得到深化与巩固。伊斯兰教的先知穆罕默德本人就是一
个十分讲究行动力的人，如希提所说，"（穆罕默德）他的
宗教是极端讲实际的，充分反映了这个宗教的创始人具有重

---

① 〔埃及〕哈桑·哈乃斐、〔突尼斯〕阿布·也阿里布·马尔祖各著
《知与行》，当代思想出版社，2003，第 147 页。
（د. حسن حنفي\د. أبو يعرب المرزوقي، النظر والعمل، دار الفكر المعاصر، 2003، ص147.）
② 周烈、蒋传瑛著《阿拉伯语与阿拉伯文化》，外语教学与研究出版社，
1998，第 113～114 页。

实践、讲效率的精神"①，这种沙漠中培养出来的务实精神和对行动力的重视，直到伊斯兰教诞生之后，在伊斯兰教的经典文本《古兰经》中也得到了明显的体现。

《古兰经》中有很多训诫，都包含了如"工作""实践""行善""行为"等关于"行动力"的词汇。例如，在"忏悔章"中有这样的训诫："你们工作吧！真主及其使者和信士都要看见你们的工作"（9：105），②其中的"工作"即从阿拉伯语的"行动"一词译得，从中可以看出《古兰经》对"行动"的强调；在"优努斯章"中，有"在他们灭亡之后，我以你们成为大地上的代治者，以便我看你们怎样工作"（10：14）；在"高处章"中，有"你们的主，或许会毁灭你们的仇敌，而以你们为这地方的代治者，看看你们是怎样工作的"（7：129）；在"牲畜章"中，有"我的宗族啊！你们当尽力工作，我必定也要工作"（6：135）；在"列班者章"中，有"工作者应当为获得这样的成功而工作"（37：61）。

从这些文字的训诫中我们可以很清晰地看到阿拉伯－伊斯兰文化对于工作、行动、实干的重视。尽管这些训诫摘自伊斯兰教的经典文本《古兰经》，但伊斯兰教诞生于阿拉伯

---

① 〔美〕希提著《阿拉伯通史》（上），马坚译，商务印书馆，1979，第150页。
② 《中文译解古兰经》，马坚译，法赫德国王古兰经印制厂，中国社会科学出版社，1987。本书《古兰经》引文均出自此处。

半岛地区，该地区的固有文化与伊斯兰教文化之间有着千丝万缕的联系。《古兰经》中论述的许多问题，"与阿拉伯文化的历史渊源紧密相联，有鲜明的民族性"①，伊斯兰教是在"阿拉伯固有文化"的基础上产生的宗教，这种重视行动力的精神与阿拉伯民族在沙漠生活中培养出来的务实精神密不可分。

阿拉伯世界当代最具影响力的思想家之一、埃及开罗大学哲学系教授哈桑·哈乃斐②曾著述《知与行》，在该书中，他通过对阿拉伯－伊斯兰文化中重视行动力的精神渊源的分析，提出"行先于知"的思想主张，并指出重视行动力是阿拉伯文化的传统，阿拉伯文化传统原本就倡导重视行动力的实干精神。同时，他也指出，重视行动力，主张"行先于知"也是阿拉伯当代社会发展的需要。正如迪拜酋长穆罕默德·本·拉希德·阿勒马克图姆所说："重要的是行动起来，因为成就发展的最佳时机总是现在。"③

根据哈桑·哈乃斐的分析，在阿拉伯语中，"知（علم）"与"行（عمل）"是两个在字面结构上很相近的词，它们的根母完全相同，只是字母排列的顺序不一样。另

---

① 孙承熙著《阿拉伯伊斯兰文化史纲》，昆仑出版社，2001，第145页。
② 见肖凌《关于哈桑·哈乃斐的"传统"与"变革"思想》，《阿拉伯世界研究》2011年第2期，第68~75页。
③ 〔阿联酋〕穆罕默德·本·拉希德·阿勒马克图姆著《我的构想——迎接挑战 追求卓越》，张宏、薛庆国等译，外语教学与研究出版社，2007，第181页。

外，"世界（عالم）"这个词与"知""行"的根母也一样，只是多了一个对词义并不产生影响的附加的字母"艾利夫（ا）"。也就是说，从阿拉伯语的词汇学的角度看，"世界"、"知"与"行"三个词在逻辑和内涵上有着深刻而紧密的联系。可见，在阿拉伯民族的思维中，三者之间在本源上有着联系。

作为阿拉伯世界当代最有影响力的思想家之一，哈桑·哈乃斐在提出"行先于知"的主张时，对该主张的渊源进行了充分的论证。他对《古兰经》文本中有关行动和实干的训诫进行了充分的分析，力证阿拉伯文化传统中具有重实践、讲实干的传统。

除了前述的例子，在《古兰经》中，关于对工作、实干的训诫还有很多。

例如，在"优努斯章"中，有"信道而且行善的人，他们的主将因他们的信仰而引导他们"（10：9），在"山洞章"中有"至于信道而且行善者，将享受最优厚的报酬"（18：88），在"信士章"中有"也许我能借我所遗留的财产而行善"（23：100），这三处内容中的"行善"在原文中均为"行动"一词，强调了"行"的重要性及其与信仰之间的密切联系。

同样，在"黄牛章"中，有"他们得享受他们的行为的报酬，你们得享受你们的行为的报酬，你们对他们的行为不负责任"（2：134）。此内容表达了人应对自己的"行为"

负责，其中"行为"一词在原文中即"行动"。在"高处章"中，有"我们有几位说情的人来替我们说情，或准我们返回尘世去，舍罪恶而立善功吗？"（7：53）其中的"立善功"在原文中即"行动"一词，表明行善应像礼拜一样在规定该完成的时候完成。在"雅辛章"中，有"以便他们食其果实。这些果实不是他们的手造出来的，难道他们不感谢么？"（36：35）其中的"造"在原文中即"行动"一词，以表明果实来源于双手的劳作和创造。"奉绥来特章"中的"你干你的吧，我们必定要干我们的！"（41：5）其中的"干"在原文中即"行动"一词。在这些例子中，我们不难看出《古兰经》对于"行动"的重视与强调，人们不仅要重视"行动"与"行善"，还必须认识到"行动"与"信仰"之间的高度统一与深刻联系。

伊斯兰教不仅重视人们在改造外部世界中的行动力，同时也十分强调自我改造的行动力。在阿拉伯语中，除了上述的"工作""行动"外，还有另外一词可译为"行为"，这个词也在《古兰经》中多次出现，其含义"倾向于人内在的修为与自省"①，与表达"更接近外在的改造世界的行为"的"行动"一词相对应。比如在"黄牛章"中，有"她们关于自身的合理的行为，对于你们毫无罪过。真主对于你们的

---

① 〔埃及〕哈桑·哈乃斐、〔突尼斯〕阿布·也阿里布·马尔祖各著《知与行》，当代思想出版社，2003，第159页。

（د. حسن حنفي\د. أبو يعرب المرزوقي، النظر والعمل، دار الفكر المعاصر، 2003، ص159.）

行为是彻知的"（2：234），其中，前一个"行为"在原文中即"行为"，后一个"行为"在原文中也是"行动"。在"列阵章"中，有"信道的人们啊！你们为什么说你们所不做的事情呢？你们说你们所不做的，这在真主看来，是很可恨的"（61：2－3），其中的"做"在原文中即"行为"一词。在"众诗人章"中，有"你们不知道吗？他们在各山谷中彷徨。他们只尚空谈，不重实践"（26：225－226），其中的"实践"在原文中即"行为"一词。在"呼德章"中，有"你们的主确是为所欲为的"（11：107），在"朝觐章"中，有"真主确是为所欲为的"（22：14），这两处译文中的"为"在原文中也都是"行为"一词。在"妇女章"中，有"真主的判决是要被执行的"（4：47），其中的"被执行"在阿拉伯语中与"行为"一词同源。在"信士章"中，有"他们是完纳天课的"（23：4），其中的"完纳"在原文中即"行为"一词。

从以上例子我们不难看出，《古兰经》中多次出现了"行动"与"行为"两个词，伊斯兰教分别从人类改造世界和人类改造自身的角度，对人提出了要重视实践、重视实干的要求，阿拉伯－伊斯兰文化不仅对外部世界，而且对自身精神世界的改造都重视行动的力量，发扬实干的精神。通过这些训诫，我们可以清楚地看到在阿拉伯－伊斯兰文化中，伊斯兰教的经典文本对行动的重视，体现了阿拉伯－伊斯兰文化的务实、现实、重行动力的传统。

从阿拉伯－伊斯兰文化传统中伊斯兰教宗教信仰的层面来看，信仰与善行，知与行（认识与实践），作为矛盾的两个方面，各自具有独特的不可替代作用，但二者之间又有着统一的关系。中世纪伊斯兰经院哲学集大成者安萨里（公元 1058～1111）在其《宗教科学的复兴》中提出了伊斯兰教信仰中"知行合一"的重要性。他认为，"掌握知识，即为履行之"。信仰与实践必须合一，内心的正信须由躬行践履来实践体现，并最终达成在信仰上的知行合一。知而不行，是为伪信、伪知；行而不知，也不是真信，二者必须辩证统一。他还指出，"只泛讲而不履行的学者，犹如只开药方而不吃药的病人、只言食物美味而饥肠辘辘者"，"无知的学者是为学而学，真正的学者是知识的维护者"。①

在阿拉伯－伊斯兰文化看来，任何信仰不加以行动，则会有陷入伪信的危险；任何认识，如果脱离了实践，也会成为僵死的教条，导致主观与客观分裂。而知与行分离的结果，就会带来虚无而空谈的错误。在面对现实的过程中，行动力是关键，任何信仰（或"知"）不通过实践（或"行"）来落到实处，都将沦为空谈。阿拉伯－伊斯兰文化强调知行合一，"知"或"信仰"不能脱离"行"。伊斯兰

①　见从恩霖《试论伊斯兰教的"知行合一"观》，《中国穆斯林》1997年第3期，第15～17页。

教的知、信、行应是一体的，求知为了正信，信仰通过行动来履行。如果脱离了行动，那么知与信就流于空洞的理论和理念，甚至走向伪信之路。知与信通过行动而存在，同时在行动中不断得到深化。信仰不可脱离行动，应实现信仰与行动的统一，强调行动的意义。

其实，就像在任何一个人身上也许都会发现其性格中矛盾的一面，在一个民族的文化与价值观体系中，也不难发现一些矛盾或两重的特性。"阿拉伯固有文化"在沙漠中形成，历经沙漠考验而生存下来的阿拉伯民族，深深地懂得行动力是生存的重要前提，因此，在这个文化传统中，延续下了重视行动力的因子。然而，这并不是说在这个文化中就没有空谈的现象，相反，这种现象久已有之，但深为阿拉伯民族自身的价值观体系所诟病。

"蒙昧时代"阿拉伯诗歌的繁荣，使得阿拉伯－伊斯兰文化对言语之美的追求众所周知。讲究辞藻瑰丽、言语华美是阿拉伯语语言文学作品鲜明的特点。这种对言语之美的追求甚至使字面之美和诗句之美压倒内容和逻辑之美。在阿拉伯的话语中，重形式，轻内容，阿拉伯人写文章往往缘于对修辞学的热爱，非常喜欢运用修辞手法而忽略文章内容。在阿拉伯历史上，也有不少行动力不足、流于空谈的例子，这一弊病因此受到历代阿拉伯知识分子深刻而尖锐的批判。

例如，作为当代阿拉伯世界最具影响力的知识分子之

一，哈桑·哈乃斐明确提出多说不如多做的主张，认为"凡
事应着眼于问题的解决，而解决问题的关键就在于实
践"①，任何关于构想、计划的言谈，如不能最终以实践落
到实处，都将成为空谈与空想。约旦另一学者沙基尔则指出
"事实胜于雄辩，眼见胜于耳听。无论我们怎样谈论伊斯兰
教的伟大、世界性、人道主义、自由、公正……西方人同时
也知道选取于己有利的文本而非相反意义的文本来为自己抗
辩"②。这段话的意义，在于指出当代阿拉伯－伊斯兰文化
在面对西方挑战之时，不应只做言语上的抗辩，而应该充分
地认识到行动的力量，回归阿拉伯文化中重视行动力的传
统，唤醒阿拉伯民族以实际的行动来振兴本民族的文化。
因为，只在言语上使出唇枪舌剑的本领并不能扭转自身落
后的现实，西方学者同样具有论争的能力。如果要扭转
"他者"对"自我"的评价，根本的途径还在于以行动落
实发展的构想，而不是仅仅流于对空洞理论的认识或言语
上的批判。

空谈无益，实干兴邦。摆正"知"与"行"的关系十分
重要，"阿拉伯固有文化"重视行动力的传统恰恰符合了当

---

① 〔埃及〕哈桑·哈乃斐、〔突尼斯〕阿布·也阿里布·马尔祖各著《知
与行》，当代思想出版社，2003，第 154 页。
（د. حسن حنفي\د. أبو يعرب المرزوقي، النظر والعمل، دار الفكر المعاصر، 2003، ص154.）

② 〔约旦〕沙基尔·那不勒斯著《当代阿拉伯世界无形的牢笼》，贝鲁特：
阿拉伯研究与出版集团，2007，第 157 页。
（شاار النابلسي، سجون بلا قضبان يحدث في العالم العربي الآن، المؤسسة العربية للدراسات والنشر، 2007، ص158.）

今的时代精神。正如迪拜酋长穆罕默德·本·拉希德·阿勒马克图姆所说："重要的是行动起来，因为成就发展的最佳时机总是现在。"①从这个意义上说，"知与行并不仅仅是一个纯粹的哲学话题，更体现着这个时代的危机，是当前时代阿拉伯文化重大命题之一"②。关于"知"与"行"或"认识"与"实践"的关系，唯物主义的认识论认为实践是认识的基础，对认识具有决定作用。实践是认识的来源、动力、检验认识真理性的标准，是认识的目的和归宿，而认识对实践也有能动作用。但是实践和认识是具体的、历史的统一。认识发展的总规律就是实践、认识，再实践、再认识，这种形式循环往复以至无穷。这一规律说明，正确的认识、理论是主观与客观、知与行的具体的历史的统一。马克思主义哲学唯物论的两大显著特点之一，即强调它的实践性。阿拉伯文化重视行动力的传统，在当今时代具有重要的现实意义。

　　阿拉伯民族重视行动力的精神在阿拉伯固有文化即沙漠文化中产生，在伊斯兰教文化中得到了深化。马克思曾说过，"一个行动胜过一打纲领"，只有本着实干精神，才能

---

① 〔阿联酋〕穆罕默德·本·拉希德·阿勒马克图姆著《我的构想——迎接挑战　追求卓越》，张宏、薛庆国等译，外语教学与研究出版社，2007，第181页。
② 〔埃及〕哈桑·哈乃斐、〔突尼斯〕阿布·也阿里布·马尔祖各著《知与行》，当代思想出版社，2003，第153页。
（د. حسن حنفي/د. أبو يعرب المرزوقي، النظر والعمل، دار الفكر المعاصر، 2003، ص.153.）

"使梦想成为构想，又把构想变成现实"①。每一个民族都有自身的奋斗目标，能否将梦想的权利转化为在现实中享受梦想果实的幸福，则要取决于个体或民族的行动力与实干精神。

面向未来，把握当下，重在实干。正如哈桑·哈乃斐所说，"凡事应着眼于问题的解决，而解决问题的关键就在于行动"②。在沙漠生活中，阿拉伯人反复的生活实践常常指向的目标是为了能够安全地存活下去，在这样的环境下，他们不仅要重视"知"，更会重视"行"，唯有在沙漠中能以行动来对抗环境对人的考验，"知"才不是奢谈。在沙漠环境的残酷考验下，行动力才是硬道理。

历史上，在中国文化中也曾出现过关于行动力问题的探讨。空谈误国、实干兴邦一直是中国文化在该问题上的主张。纸上谈兵，脱离现实，空谈不止，并不能推动社会的发展。如果一个民族自满于已有的文化遗产，总是满足于夸耀其民族在历史上取得的辉煌成就，必将导致该民族沉迷于空谈、脱离现实、不干实事，最后陷入自欺欺人的境地。阿拉伯民族在沙漠生活中养成的重视行动力的价值取向，不仅是

① 〔阿联酋〕穆罕默德·本·拉希德·阿勒马克图姆著《我的构想——迎接挑战 追求卓越》，张宏、薛庆国等译，外语教学与研究出版社，2007，第 184 页。
② 〔埃及〕哈桑·哈乃斐、〔突尼斯〕阿布·也阿里布·马尔祖各著《知与行》，当代思想出版社，2003，第 154 页。

（د. حسن حنفي\د. أبو يعرب المرزوقي، النظر والعمل، دار الفكر المعاصر، 2003، ص154.）

阿拉伯贝杜因人适应环境所需，更是值得世代传承和发扬的优良传统，直至今天，仍然符合时代的需求。只有发扬阿拉伯－伊斯兰文化传统中重视行动力的传统，通过实实在在的行动，才能真正地解决现实中的问题，更好地面对生活的考验，谋得民族的复兴与发展。

## 二 崇尚坚韧与忍耐

"文化，如同所有的其他普遍性现象一样，本质上包含着悖论与变革。"①阿拉伯半岛沙漠气候炎热，水源稀少，动植物资源匮乏。阿拉伯贝杜因人逐水草而居，随时需要适应沙漠中变幻莫测的天气与灾害，习惯酷热难忍的漫漫沙海。自然环境的无常与生活的无奈使阿拉伯人一方面养成了及时行乐的享乐主义态度，但另一方面，残酷的沙漠环境也教会了阿拉伯人要懂得面对现实。"当情境促使一种价值观与实践支配另一种价值观与实践之际，所有生命和现象总是包含着相互矛盾但又相互补充的价值

---

① 转引自 Fang, T., "Onion" to "Ocean": Paradox and Change in National Cultures, *International Studies of Management and Organization* 35 (4), 2006: 71–90, 见〔瑞典〕兰迪·Z. 肖爱、房晓晖、叶克林《理解中东阿拉伯文化中的悖论》，《学海》2013 年第 4 期，第 25~33 页。

观与实践"①，沙漠环境的无常与残酷，使阿拉伯人一方面
具有享乐主义的倾向，另一方面也具备了现实主义的精神，
兼具了这两种相互矛盾或互为悖论，但又相互补充的价值
取向。

在艰难的沙漠环境中图生存，磨炼出了阿拉伯人的坚韧
与忍耐。只要遇到草地或水源，每一块草地，每一洼泉水，
他们都必须充分地利用。如果他们不能充分利用仅有的获得
的资源，那么下一次遇到草地或泉水的机会就不知道什么时
候再出现，他们也随时会有渴死或饿死的危险。如果能够遇
上猎物，那么一定要将其捕获食用，如若丧失机会，也许等
不到下次猎物出现他们就会被饿死。沙漠不仅教会了阿拉伯
人吟诵诗歌以慰藉寂寞的浪漫情怀，更教会了他们如何面对
现实。阿拉伯人认为，手中一只鸟比树上十只鸟强，今日一
只蛋比明天一只鸡强。这是一种典型的现实主义，对阿拉伯
人的精神生活产生了深刻的影响。实际上，在阿拉伯语中，
反映阿拉伯人现实与务实精神的例子有很多。

　　　　今日一只蛋胜过明天一只鸡。

　　　　用现金做一笔生意胜于赊卖得一万银币。

　　　　粗糙的食物比饥饿要强得多。

---

① 见〔瑞典〕兰迪·Z. 肖爱、房晓晖、叶克林《理解中东阿拉伯文化
中的悖论》，《学海》2013 年第 4 期，第 25～33 页。

　　　　持久的少胜过短暂的多。

　　　　摸着湿土比远望蜃景强。

　　　　点燃一支蜡比诅咒黑暗好。①

　　沙漠虽然环境恶劣，但是也为阿拉伯人形成了对外界的
防线。在现实主义的精神影响下，面对常常令人束手无策的
残酷的沙漠环境，学会如何在这样的环境下坚强地适应并生
活，是贝杜因人必须解决的现实问题。"艰苦的环境对于文
明来说非但无害而且是有益的"②，在这样艰苦的环境下，
沙漠教会了阿拉伯人坚韧与忍耐的价值。

　　阿拉伯语谚语有云，"忍耐是美德"。阿拉伯人相信
"忍耐的结果是成功"，同时也相信"贪心者难以如愿"。
大自然的残酷使阿拉伯人相信要面对现实首先要接受现实，
而面对茫茫的沙漠，除了忍耐与坚韧，并没有更好的法子。
这一点在伊斯兰教诞生后，进一步被加以倡导，穆罕默德致
力于倡导一种节制、忍耐的品质，据圣妻阿依莎说，"圣人
从不饱食，从不向任何人哭穷叫苦，他喜清贫、厌豪华，因
饥饿他整夜腹疼，第二天却照常封斋"③，圣人倡导的这种

---

① 周烈、蒋传瑛著《阿拉伯语与阿拉伯文化》，外语教学与研究出版社，
　　1998，第113~114页。
② 〔英〕阿诺德·汤因比著《历史研究》，刘北成、郭小凌译，上海人民
　　出版社，2000，第95页。
③ 〔埃及〕穆罕默德·胡泽里著《穆罕默德传》，宁夏人民出版社，
　　1983，第304页。

节欲、自制、坚忍的生活态度，的确为沙漠生活所需。在沙漠的种种困境中，唯有立足于现实，充分发挥坚韧不拔的意志，以坚忍的态度去面对生活的各种挑战，才能有机会生存并获得成功。正如希提在《阿拉伯简史》中所说的，"对于适应一个不利的环境，这种生活方式是合理的方式，是禁欲主义者的方式"①。坚韧与忍耐，是阿拉伯人在沙漠文化下现实主义的一大体现。

虽然我们常说阿拉伯人是马背上的民族，但是论及家畜，沙漠生活中的阿拉伯人，尤其喜欢骆驼。很显然，在沙漠环境中，骆驼是非常具有实用价值的财产。贝杜因人的食物营养、运输等等，无一不靠骆驼。乃至"新娘的彩礼、凶手的赎罪金、赌博者的赌注、酋长的财富，都是以骆驼为计算单位的"②。对于贝杜因人而言，骆驼可谓浑身是宝。驼乳可以解渴，驼肉可以充饥，驼皮可以制衣，驼毛可以织成帐篷，甚至在危急的情况下，骆驼胃里储存的水也可以饮用以解渴救命。在阿拉伯语中，有一千多个名词是关于骆驼的。这一方面可以看出阿拉伯人在思维上的特征，另一方面也可以看出阿拉伯贝杜因人对骆驼的重视和喜爱程度非同一般。直到今天，"现在的贝都因人，喜欢自称'驼民'"③。

---

① 〔美〕希提著《阿拉伯简史》，马坚译，商务印书馆，1973，第15页。
② 〔美〕希提著《阿拉伯通史》（上），马坚译，商务印书馆，1979，第22页。
③ 〔美〕希提著《阿拉伯通史》（上），马坚译，商务印书馆，1979，第23页。

阿拉伯贝杜因人对于骆驼的喜爱，固然与其所具有的实用价值分不开，但除了这方面的原因，也因为骆驼是沙漠中尤为坚韧的动物。在阿拉伯语中，"美"这个词与"骆驼"是同根词，阿拉伯语中"美德""美丽的"等词都由与"骆驼"一词同根派生而来。贝杜因人对于坚韧与忍耐的重视，在对骆驼的喜爱程度上也可窥见一二。

　　苦难能够磨砺人的意志，磨炼人的品格。在沙漠恶劣的生活环境中，天气炎热，缺水少粮，道路不明，贝杜因人在粗糙而艰苦的沙漠环境中生活，衣食、住宿各种条件均十分艰苦。他们日常的食物，不过是椰枣加水或奶，衣饰简陋，"裤子是不作兴穿的，鞋袜是稀罕的"①，生活条件可谓极尽艰苦。

　　为了适应沙漠残酷而苦难的生活，在应对大自然的各种挑战的过程中，他们也因此发挥了自身的创造性，获得了相应的成就，养成了崇尚坚韧与忍耐的品格，"坚韧和耐劳，似乎是他的无上美德；他有这种美德，故能在生物稀罕的环境里生存下去"，出于一种现实主义的、乐观的态度，阿拉伯民族认为"无论命运怎样恶劣，是无关紧要的"②，唯有靠坚忍的意志，才能够在沙漠中战胜困难。沙漠中的阿拉伯

---

① 〔美〕希提著《阿拉伯通史》（上），马坚译，商务印书馆，1979，第26页。
② 〔美〕希提著《阿拉伯通史》（上），马坚译，商务印书馆，1979，第26页。

人相信，"谁坚韧不拔，便能实现自己的愿望"①。

　　为了能够在沙漠中生存，贝杜因人必须拥有强悍的体魄与坚忍的意志，大自然的一切既给他们提供了生存的资料，但恶劣的气候、环境条件同时也是如影随形的敌人，因此，在沙漠生活中，阿拉伯人形成了崇尚坚韧与忍耐的积极务实的精神。

## 三　提倡勤俭

　　享乐主义与崇尚坚韧、忍耐并存是沙漠生活在阿拉伯民族的性格中形成的两重性影响的典型体现，这种两重性，还体现在纵欲与俭朴、及时行乐与勤奋刻苦并存中。沙漠中的残酷生活一方面让人无可奈何，消极之余便产生纵欲、及时行乐的享乐主义思想倾向，另一方面，沙漠的历练又铸就了阿拉伯人面对艰苦现实的坚韧与忍耐，以及勤奋与俭朴。及时行乐，是人在逆境中面对极端困难时的消极心态体现，而勤奋俭朴则是坚强心态下的阿拉伯人在面对现实时的理性体现。

　　在阿拉伯的谚语中，有许多提倡勤奋、刻苦的例子。

---

① 周烈、蒋传瑛著《阿拉伯语与阿拉伯文化》，外语教学与研究出版社，1998，第109页。

只有艰苦努力，才能获得知识。

谁勤奋，便会有收获。

谁想出人头地，必须挑灯夜读。

有什么福利不能靠辛劳去实现呢？

早起多福。

失败是懒惰、颓唐、依赖他人的结果。

劳作的尘土胜过闲散的番红花。

每一位勤奋者，都会有一份收获。

成功是工作、勤奋和持之以恒的产物。[①]

　　勤奋是面对现实残酷之余，寄望未来的一种积极、现实的努力态度，现实已然让人无奈，唯有不断奋发图强，增强自身实力，才能在未来的挑战中赢得更好的局面。沙漠生活不仅要对抗天灾，还须应对人祸，如何能够在残酷的生存竞争中立于不败之地，是每一个部落、氏族都必须面对的问题。一次战祸过后，也许很快会有下一次，一次风暴过后，也许不等喘息又有新的风暴来袭。在这样的残酷考验面前，唯有以坚韧的心态，不断勤奋刻苦地塑造自身，使自己不断地成长得更大、更强，才能更安全、更稳妥地存活于沙漠环境之中。

---

① 周烈、蒋传瑛著《阿拉伯语与阿拉伯文化》，外语教学与研究出版社，1998，第110～111页。

同时，沙漠环境资源的有限也是无法更改的事实。尽管人在消极无奈的情绪下会有"今朝有酒今朝醉"的及时行乐思想，但理性会告诉人们，消极情绪过后学会正视现实、面对现实，才是正确的态度。在沙漠资源有限的条件下，如要存活，节约和俭朴是必需的态度。阿拉伯谚语中也处处有着这样的例子。

> 节省每一分钱，为了防备不测。
> 滴水能汇成小溪。
> 节约是生活的一半。
> 财富要靠一分一分地积攒。
> 勤俭节约的人是不会成为穷人的。[1]

俭朴是未雨绸缪时应对现实的心理，只有俭朴生活，注意节约，才能依靠自身力量在沙漠的残酷考验中立足存活。正如阿拉伯谚语所说"一颗纯洁的心好过一只鼓起的钱袋"[2]，在财富与道德面前，阿拉伯文化的传统价值观倡导的是戒贪欲，重道德。在沙漠生活中，整天面对的是生死的考验，在生死面前，又有什么放不开的贪念呢？ 更为现实

---

[1] 周烈、蒋传瑛著《阿拉伯语与阿拉伯文化》，外语教学与研究出版社，1998，第111页。
[2] 李绍先、王灵桂著《一脉相传阿拉伯人》，时事出版社，1997，第292页。

的做法，是注重自身欲望的调节，把握节俭的原则，控制欲望的膨胀。

这种倾向于节制欲望的价值观原则，在伊斯兰教诞生后得到了更大的发扬与提倡，伊斯兰教倡导人们节欲自制，勤俭节约，戒除贪念，而不是无限制地纵欲。

伊斯兰教的先知穆罕默德本人就是一个十分勤俭的人。"穆罕默德在极显赫的时代，仍然过着默默无闻时的那种艰苦朴素的生活"，他居住的只是一所小房子，"常常有人看见他在家里缝补自己的衣服"①，穆罕默德的勤俭与他在日常行为中的许多做法一样，在后世成为人们模仿的对象，勤俭的原则在伊斯兰教以后的时代，得到了更大的发扬和推崇。

## 四　重商：追求物质财富

由于地理位置沟通东西，在古代，阿拉伯半岛原本就是商业要道。一方面，半岛南部的物产会经半岛商道运往叙利亚、埃及等国；另一方面，外国的货物也经该道转运他国。阿拉伯半岛的商道为阿拉伯人开辟了一条谋生之途，虽然

---

① 〔美〕希提著《阿拉伯通史》（上），马坚译，商务印书馆，1979，第139页。

"蒙昧时代"的阿拉伯贝杜因人主要生活方式为逐水草而居的游牧生活，主要以游牧为生，但也从事商业活动来获取生活的资源，他们"或做强盗，或做商人，或身兼二职"①。

因此，古代的阿拉伯人重视经商，"把商人看作最受尊敬的人"②，阿拉伯语中，"商人"（"تاجر"，可音译为"塔吉尔"）一词，含有"聪明人"之意，他们认为能够经商的人，必须善于经营，聪明能干。阿拉伯语中有大量与经商有关的词汇，这些词汇在伊斯兰教兴起后，也体现在了《古兰经》中，如"商业""商人""经商""赢利"等。③

由于对商贸活动的重视，"阿拉伯人虽然好袭击掳掠，好威胁邻国的边城，但颇讲信谊，爱好荣誉，坚守约会"④。在长期的"坚守约会"的信谊之下，久而久之，半岛上形成了许多著名的商贸集市，其中，最为知名的是"欧卡兹"。在欧卡兹集市上，阿拉伯人"或交换货物、买卖奴隶，或排解纠纷、比赛诗歌，或互换有无、攀比夸耀……"⑤欧卡兹集市所具有的多重社会功能，还体现在了

① 〔美〕希提著《阿拉伯通史》（上），马坚译，商务印书馆，1979，第24页。
② 纳忠著《阿拉伯通史》（上），商务印书馆，1997，第22页。
③ 纳忠著《阿拉伯通史》（上），商务印书馆，1997，第23页。
④ 〔埃及〕艾哈迈德·爱敏著《阿拉伯-伊斯兰文化史》（第一册），纳忠译，商务印书馆，1982，第12页。
⑤ 马丽蓉著《中东国家的清真寺社会功能研究》，时事出版社，2011，第154页。

"蒙昧时代"的文学史上，著名的七首"悬诗"就是在欧卡兹集市上念诵并得过奖金的诗篇，这些诗篇"用泥金描绘起来，悬挂在克而白的墙上"①，"悬诗"因此而得名。欧卡兹集市不仅意味着商贸的机会，也因为其在古代阿拉伯人生活所占有的影响力，吸引到了大量的阿拉伯人聚集，而成为一个文学的集会。"一个诗人不在这里成名，就永不会成名"②，可见欧卡兹在当时阿拉伯人的社会生活中具有怎样重大的影响，也可见"蒙昧时代"的阿拉伯人对于商贸活动的高度重视。

在长期的游牧和经商活动中，"阿拉伯人的主要精力更倾注于从商和冒险，甚至于不顾一切地去追求财富。这种注重物质利益的思想意识，后来一直是阿拉伯人的传统思想意识之一"③。这种重商逐利的文化，在阿拉伯古代的文学作品中也有鲜明的体现。在著名的阿拉伯民间文学作品《一千零一夜》中，其描述的人物"从商人到金匠，从理发师到渔夫，从平民到国王，几乎人人都是物质派。在他们的心目中，只有金钱，一切也只是为了金钱"④。尽管文学作品的描绘手法难免有夸张之嫌，但透过文学作品，也可对当时社

---

① 〔美〕希提著《阿拉伯通史》（上），马坚译，商务印书馆，1979，第108页。
② 〔美〕希提著《阿拉伯通史》（上），马坚译，商务印书馆，1979，第109页。
③ 蔡德贵著《阿拉伯哲学史》，山东大学出版社，1992，第12页。
④ 蔡德贵著《阿拉伯哲学史》，山东大学出版社，1992，第12页。

会价值取向窥见一斑。实际上，在自然环境恶劣和生产力低下的沙漠生活环境中，为了生存的现实，注重物质利益，讲求现实回报，是一种自然而然的价值取向。这种注重现实与物质利益的取向，正是沙漠中的阿拉伯人为了生存而不得不具有的一种务实精神。

务实精神与享乐主义是一对互为悖论的矛盾，但二者并存于"阿拉伯固有文化"的价值取向当中。在阿拉伯文化的传统中，并不只有这一组二元对立而又共存的价值取向。这种现象的存在，归根结底是源于阿拉伯文化传统中固有文化的孕育之地主要为阿拉伯半岛的沙漠环境。沙漠与绿洲，明月与烈日，雨水与干旱……"沙漠环境下的事物，就是这样的对比鲜明，二元对立共存，却又互不干涉"[①]。这种二元对立而又共存的现象，体现在了"阿拉伯固有文化"价值取向的多个层面，也整体上构成了阿拉伯文化传统中调和倾向鲜明的特征。

---

① 吴昼雁著《中庸与调和——儒家和阿拉伯伊斯兰思想的比较研究》，昆仑出版社，2015，第8页。

第六章

# 调和与多元精神

在当代，由于恐怖主义和极端势力的新闻在公众媒体上吸引了人们的眼球，而且这些报道通常有意无意地会牵涉阿拉伯、伊斯兰的形象，人们很容易会对阿拉伯－伊斯兰文化产生误读，误认为阿拉伯－伊斯兰文化是趋向闭塞与单一、极端而不宽容的。实际上，这是一种普遍存在的误读与误解。阿拉伯－伊斯兰文化思想的取向，趋向调和与多元，阿拉伯人自古以来就对不同的文化都能秉持欣赏的态度。在固有文化时期，沙漠中的阿拉伯人，虽置身于贫瘠的自然环境中，但其向他者的学习能力和意愿都十分强烈。正如希提所说，"沙漠里的人民，遇到机会的时候，就能吸取别人的文化，这是他们显著的特征"①。阿拉伯人在伊斯兰教兴起后，随着版图的扩张，创造了多元化的阿拉伯文化。阿拉伯－伊斯兰文化的构成中除了固有的沙漠文化、贝杜因文化、伊斯兰教文化外，还有许多外来的文化因素。

从古代的希腊、罗马，到中世纪的波斯、印度，阿拉伯人在历史上一直擅长汲取其他文化的养分，以他者之长补己之短。可以说，阿拉伯文化是最具有拿来主义特征的人类文化之一，阿拉伯语作为阿拉伯文化的载体，在语言学特点上展现了鲜明的阿拉伯文化调和与多元的精神，阿拉伯语集西方式的外在形式与东方式的思维内质于一身；阿拉伯人在沙漠生活中所养成的好学、崇知精神也体现在文化上开放、调

---

① 〔美〕希提著《阿拉伯简史》，马坚译，商务印书馆，1973，第 26 页。

和、多元的精神上；而阿拉伯沙漠文化养成的调和与多元精神的最大成果体现，则是阿拉伯中世纪的百年翻译运动，在这场历经百年的翻译运动中，阿拉伯人以拿来主义的精神，如饥似渴地翻译、学习、研究其他民族的先进文化，将"他者"的文化精华尽为"自我"所用，并发挥自身民族的创造性，重新孕育缔造了属于阿拉伯民族的中世纪辉煌，形成了多样性的文化特征，堪称人类文明发展史上的一段绚丽多彩的华章。

## 一　阿拉伯语：西方重逻辑的外在形式与
## 东方直觉式的思维内质

"语言是文化的重要组成部分，又是文化的记录符号，反映着使用该语言的民族的文化风貌。"[1]语言不仅是人类的精神财富，还不断映射和反映着人类的文化。在人类文化、民族价值观的形成过程中，"恰恰是语言，这个种种不同的个性通过传达外部的努力和内部的感知汇聚在一起的中心点，与性格之间的相互作用极为密集和强烈。那些最强健有力、最多情善感、最刻苦钻研和最富有内心生活的性情都

---

[1]　朱立才著《汉语阿拉伯语语言文化比较研究》，新世界出版社，2004，第375页。

把自己的力度、柔婉、深邃和内涵灌注进语言，而语言则发送出从自身孕育而成的一些有亲缘关系的音，来继续培养相同的情操"①。语言是文化的一部分，反映着该语言所属民族的性格，并对其产生持续的影响。阿拉伯语作为阿拉伯文化的一部分，其语言学上的特点折射出阿拉伯文化的许多特征，阿拉伯语所具有的西方形式与东方内质兼具的特点鲜明地体现了阿拉伯文化调和与多元的精神。

　　阿拉伯语词具备独特的辅音与元音分工的特性，即阿拉伯语要求每个词干主要由三个辅音组成，且辅音和元音不共同包含词的含义，而是意义单独由辅音来表示，而关系的表示则归元音负责。

　　德国东方学学者洪堡特认为，尽管"阿拉伯语的有机组织在严格的一致性上、在高度艺术的简洁性上、在语音与思想相匹配的恰当性上，比起其他语言来不仅毫不逊色，或许还可能超过它们"，但是阿拉伯语"有两个违背自然要求的特性，甚至可以肯定地说，这两个特性根本不符合一般语言的条件"②。

　　第一，阿拉伯语要求每个词干都由三个辅音组成。

　　第二，辅音和元音不共同包含词的含义，而是意义和关

---

① 〔德〕威廉·冯·洪堡特著《论人类语言结构的差异及其对人类精神发展的影响》，钱敏汝译，陕西人民出版社，2006，第29页。
② 〔德〕威廉·冯·洪堡特著《论人类语言结构的差异及其对人类精神发展的影响》，钱敏汝译，陕西人民出版社，2006，第286页。

系分立，意义单独由辅音来表示，而关系的表示则归元音负责。

　　洪堡特认为，元音首先只是辅音无法脱离的语音，否则辅音就发不出来；而元音如果脱离了辅音的发音方式，也无法被听见。比如，"كتب"这个词，构成这个词的三个字母ك、ت、ب都是辅音，这种由三个辅音构成单词词干的方式是阿拉伯语中大部分单词的构词方式。而由于ك、ت、ب三个字母都是辅音，当我们没有给它们分别标上符号时，我们是无法读出这三个字母的，就算是要读出字母音，也需要分别给它们标上静符。凡是学过阿拉伯语的人都知道，阿拉伯语的三母词根都具有一定的含义，比如"كتب"这个词，无论它怎么被标符，换句话说，无论它带有哪个元音，我们都知道它的含义必定与"写"相关，而当我们给其中的三个字母标上不同的动符，也就是说给它们标上不同的元音时，其所代表的语法关系也会发生改变。如果我们标的是"كَتَبَ"（kataba，写），那么这个词的语法关系所代表的就是"写"这个动作，动作的主语就是"写"这个动作的发出者；而如果我们读的是"كُتِبَ"（kutiba,被写），那么它所代表的就是"被写"这个动作，动作的代主语就是"写"这个动作的承受者；如果我们读的是"كُتُبٌ"（kutubun，书），那么它所代表的就不再是一个动作，而是一个物体的集合"书（复数）"；而如果读的是"كُتُبٍ"（kutubin，书），我们还可以判断"许多书"这个词在句子中的语法地位是属格，也许它充当的是某个名字的偏词或是某个介词的受词；等等。

　　洪堡特认为，包括阿拉伯语在内的闪族语中出现的这种情况，说明"这些民族的内在语言知觉缺乏必要的洞察力和明确性，难以区分词的物质意义和词与两个方面所处的关系，一方面是与说话和思维的一般形式，另一方面是与句子的构造，以至辅音和元音的定义无法相互有别地确定下来"①，在这里，他指出的"内在语言知觉缺乏必要的洞察力和明确性"，在说法上或许有些偏颇，阿拉伯语作为东方民族的语言，尽管在历史上受到西方语言形式的深刻影响，但仍然体现了东方重顿悟的思维内质特点。

　　另外，阿拉伯语的单词也并非完全"意义单独由辅音来表示"，比如上述"كتب"在标不同符号的时候会产生"写"、"被写"以及"许多书"等的词义变化，但是，在读"كتبٌ"（kutubun，书）和"كتبٍ"（kutubin，书）的时候，它表达的语义是一致的，即"书（复数）"，只不过它们表现的语法意义不同。在这一点上，索绪尔的观点与洪堡特是一致的，他认为包括阿拉伯语和希伯来语在内的闪族语"辅音表达词的'具体意义'，即词的词汇意义，而元音（当然还有某些前缀和后缀）却通过它们的交替作用专表示

---

① 〔德〕威廉·冯·洪堡特著《论人类语言结构的差异及其对人类精神发展的影响》，钱敏汝译，陕西人民出版社，2006，第289页。

语法意义"①。也就是说，当处在句子结构中时，"元音在闪米特语系的那些语言里仅仅用来表示语法关系"②，索绪尔列举了"قَتَلَ"（qatala，他杀了）、"قُتِلَ"（qutila，他已被杀了）等例子作为证明。因此，从这个方面来说，阿拉伯语的确是"关系的表示只归元音负责"。

　　阿拉伯文字产生在腓尼基音素文字的基础之上，而腓尼基文字同时也是"希腊、罗马（拉丁）及后世西方文字的起源"③；而标准阿拉伯语"在公元 7 至 9 世纪获得重大发展并逐步系统化、规范化"④，这一时期正是阿拉伯文化大规模吸收希腊、罗马、波斯等外族文化的时期，亚里士多德、柏拉图等希腊先哲的逻辑学理论"给阿拉伯学术打上了逻辑学的烙印"⑤；可以说，阿拉伯语在起源与发展的历程中都与西方文字有着很深的渊源，阿拉伯语也因此同英语等印欧语系语言一样，在外在形式上具有汉语所无法比拟的逻辑理性特征。

　　阿拉伯语词汇的派生法规律性极强，因此，阿拉伯语的

---

① 〔瑞士〕费尔迪南·德·索绪尔著《普通语言学教程》，商务印书馆，2007，第 321 页。

② 〔德〕威廉·冯·洪堡特著《论人类语言结构的差异及其对人类精神发展的影响》，钱敏汝译，陕西人民出版社，2006，第 288 页。

③ 朱立才著《汉语阿拉伯语语言文化比较研究》，新世界出版社，2004，第 376 页。

④ 朱立才著《汉语阿拉伯语语言文化比较研究》，新世界出版社，2004，第 378 页。

⑤ 纳忠、朱凯、史希同著《传承与交融：阿拉伯文化》，浙江人民出版社，1993，第 188 页。

词语词形带有"格式化和抽象化"[①]的特征；阿拉伯语的句型大体可分为名词句与动词句两类，在阿拉伯语的名词句中，讲究起语与述语保持性、数、格、式的一致，在动词句中，句子各部分之间的语法关系不是用先后顺序，而是用各句子成分之间繁复而紧密的曲折来表现。而汉语则是词根孤立语言，各句子成分不随语法关系的变化而产生形态上的变化。

　　例 1：纳比勒打了我。

　　例 2：我打了纳比勒。

　　例 1 中，"我"是"打"这个动词的宾语，"纳比勒"是动词的主语，而例 2 中，"我"是主语，而"纳比勒"是宾语，但是我们可以看到，在两个例子中，"我"和"纳比勒"这两个词都没有因各自的语法关系变化而产生形式上的变化，而"打"这个动词也没有因为动作发出者的不同而在形态上有所改变。而阿拉伯语中，情况就不同了。

المثال الأول　（1）: ضربني نبيل .

（例 1：纳比勒打了我。）

المثال الثاني （2）:ضربت نبيلا .

---

　①　朱立才著《汉语阿拉伯语语言文化比较研究》，新世界出版社，2004，第45页。

（例 2：我打了纳比勒。）

可以看出，在句子中，不仅"纳比勒（نبيل）"有主格
"نبيلٌ"和宾格"نبيلا"的变化，"我"这个人称代词在主格
和宾格时也有不同的形态，同时，动词"打（ضرب）"也因
为动作发出者的不同，会产生相应的形态变化〔"纳比勒
（نبيل）"做主语，则是"ضرب"，"我"作为主语，则变成
"ضربت"〕。

阿拉伯语的句式在形式上具有许多比汉语更接近西方语
言的元素。句子中各个成分的语法关系表现在各自严谨的形
态变化上，语义信息与语法关系紧密联系，阿拉伯语语法在
形式上具备比汉语逻辑性更强的特点，但这并不妨碍它本身
所承载的东方式思维内质。

尽管阿拉伯语的句式特点在形式上比汉语更接近印欧语
系，但仍与英语等西方语言有很大不同。一般说来，英语句子
中具有主语先行的特点，即通常句子以动作的施予者主语开
头，主位关系明确。而阿拉伯语句子中各成分所处的位置十分
灵活多变，位于句首的成分常常要视语境中表达的主题而定，
具有强烈的语境化特点。这又与汉语的句子结构有类似之处。

例 3：（天）下雨了。

（It's raining.）

　　这句话在汉语中可以是无主句，也可以有"天"作为
"下雨"这个动作的主语。主语可以省略。而英语中，则必
须将主语先行，主语不可省略。而阿拉伯语中，这句话可以
有多种表达方式。

المثل الرابع: 4) أمطرت السماء .

（例4：天下雨了。）

المثل الرابع:5) نزلت الأمطار .

（例5：下雨了。）

　　可以看到，例4采用的"下雨"动词是"أمطر"，动词的
主语是"天（السماء）"。这种表达形式与汉语十分接近。例5
中的动词是"落下（نزل）"，主语是"雨滴（أمطار）"。两
个例子都采取了动词句的方式，所以都将句子中的动词放置于
句首，我们还可以把这两句话转换为名词句的形式。

المثل الخامس: 6) السماء أمطرت .

（例6：天下雨了。）

المثل الخامس:7) الأمطار نزلت .

（例7：下雨了。）

　　我们不难发现，阿拉伯语中各句子成分的先后顺序位置

灵活，英语中表达同一个意思的句子"It's raining（下雨了。）"在阿拉伯语中可以有多种表达方式，而其中有些表达的内涵也体现了与汉语十分相似的思维方式，如"السماء أمطرت."几乎与汉语"天下雨了"中的主、谓、宾各句子成分按顺序一一对应。

从阿拉伯语的外在形式上看，"阿拉伯人的思维方式带有逻辑理性"①，但是，我们也不难发现，阿拉伯人思维的内质是东方的，与汉语的东方式思维内质有共通之处。这种内在的直觉、顿悟的思维内质在前述中已有所论述，与沙漠文化的影响有着密切的关系。形式上的逻辑理性与内在的直觉感悟，这种看似对立的两个特点，却在阿拉伯语语言上得到了统一。西方思维重逻辑，"本其敏锐、精细之理智，明白畅达的解释等优点，一触东方的火花，自然便呈现光明灿烂、活泼新鲜的景象"②，阿拉伯语集合了西方逻辑思维的形式，又兼具自身东方式的思维内质，因此该语言具备了形式精巧、严密，词汇丰富多彩的特点，极富生命力。

当然，阿拉伯语的发展过程并非由人为设计而来，兼具东西方思维特质的特点是由其发展历程决定的。美国学者萨丕尔说，"句子是由历史的势力和盲目的心理势力产生的，

---

① 朱立才著《汉语阿拉伯语语言文化比较研究》，新世界出版社，2004，第 379 页。

② 〔埃及〕艾哈迈德·爱敏著《阿拉伯-伊斯兰文化史》（第一册），纳忠译，商务印书馆，1982，第 135 页。

并不是明确地掌握了一个个的成分，然后把它们逻辑地综合起来"①。语言本身的发展不可能按照逻辑设计的方式一一推进，一种语言内部兼具两种对立统一的特点是可能的。而这种二元对立而又共存的特质，正是阿拉伯文化中调和与多元精神的体现。

语言与文化是相互影响的，共同发展的。阿拉伯语随着阿拉伯人的历史一起发展，阿拉伯人在历史上曾经融东西方文化成果于一身，阿拉伯语体现着西方的外在形式与东方的思维内质，形成了阿拉伯语兼具西方形式与东方内质的两重性特点，充分展现了阿拉伯文化的调和与多元精神。

## 二　好学、崇知："求知哪怕远中国"

沙漠中的阿拉伯贝杜因人，虽然自身并未能创造出与同时代许多民族相比更为先进的文化，但沙漠培养了他们敏锐的感受力和旺盛的求知欲与好学精神。伊斯兰教的创始人、先知穆罕默德曾说过"求知哪怕远中国"，体现的正是"阿拉伯固有文化"的求知、好学精神，这种善于学习的精神也充分体现了阿拉伯民族在沙漠中养成的拿来主义精神。

---

① 〔美〕爱德华·萨丕尔著《语言论》，陆卓元译，陆志韦校订，商务印书馆，2005，第79页。

　　沙漠环境广袤而贫瘠，贝杜因人很难有机会接触外部的事物，环境培养和造就了他们旺盛的求知欲，使他们在一旦得到机会的时候，能够充分地向他者学习。这种求知、好学的精神，在阿拉伯谚语中多有体现。

　　　　从摇篮到坟墓都要求学。

　　　　愚昧无知是最坏的朋友。

　　　　你的无知比你的贫穷更可怕。

　　　　掌握两种学问总比掌握一种好。

　　　　虽愚而好学者为学者。

　　　　要做知识的源泉。①

　　从以上谚语中不难看出，在阿拉伯民族的价值观中，学问和求知是重要的，一个人的无知比贫穷还可怕，相对而言，学问、知识比起财富来也更重要。一个人天性的愚钝并不可怕，只要好学、勤奋，敢于求知，也能成为学者。阿拉伯文化鼓励和倡导人们要好学、敢于求知。阿拉伯语中体现这个民族对学识、学问重视的谚语还有很多，如"谁教我一个字母，我就是他的奴隶"，体现了对知识、学问的尊重与重视；如"智者和学者皆为行善者"，体现了对智慧与学问

---

① 周烈、蒋传瑛著《阿拉伯语与阿拉伯文化》，外语教学与研究出版社，1998，第 97 页。

的尊崇；如"信仰之首便是学识"，将学识放在信仰的高度，充分体现了对求知的倡导；如"高尚莫过于知识""知识的威力是不会消逝的""知识比金钱更有益"等，都将知识放在了很高的人生高度，作为人生中比金钱或其他任何东西更为重要的追求。除此以外，对于求知的态度，阿拉伯谚语中也多有体现，如"有学问的人在临进天堂时仍不满足于自己的知识"，表达了对求知态度应勤奋、执着的价值取向；"真正的荣誉属于有知识的人"，表达了对于有知识者的高度认同与尊崇。

在阿拉伯民族看来，学问是尊贵的，知识是人生最可贵的财富，求知、好学是无上的一种美德，堪为信仰之首。同时，关于求学的态度，也十分明确地倡导应勤奋、坚持、执着，"只有艰苦努力，才能获得知识"。并且，阿拉伯文化也鼓励人们不仅要执着于求知，还应乐于求知，他们认为"世上最好的朋友是书"。在求学的过程中，应不耻下问，孜孜以求，因为"如向智者讨教，他的智慧就会成为你的"，"如果头脑生锈，向人讨教便会将它擦亮"①。

在蒙昧时代，如希提所说，沙漠环境中的贝杜因人"无论在艺术、建筑术、哲学、医学、科学、文学、政体等方面，原来的阿拉比亚人，都没有什么可以教给别人的，他们

---

① 周烈、蒋传瑛著《阿拉伯语与阿拉伯文化》，外语教学与研究出版社，1998，第 99～100 页。

一切都要跟别人学习"，但是，中世纪时代，随着翻译运动的兴起，阿拉伯民族从沙漠生活中磨砺出的拿来主义使得他们广泛地学习、吸收了外族的各种先进文化成果，"（阿拉伯人）他们证明了自己的求知欲是多么旺盛啊！有着经常锐敏的好奇心和从未唤醒过的潜能，这些信奉伊斯兰教的阿拉比亚人，在他们所管辖的人民的合作和帮助之下，开始消化、采用和复制这些人民的文化和美学遗产"①。

正如古代阿拉伯著名哲学家铿迪所说，"我们应当不耻于承认真理并加以吸收，不管它来自何方。对于攀登真理高峰的人来说，最高的价值莫过于真理本身；追求真理决不降低或贬低自己的身分"②。阿拉伯人的好学、崇知精神，在沙漠文化中养成，使得他们在一旦有机会学习其他民族的先进文化成果时，就能够焕发出极大的生命力，汲取其中的养分，为己所用。这种善于学习、崇尚知识的传统，正是沙漠中孕育的调和与多元精神在知识观上的体现。这种精神，在伊斯兰教兴起后，也体现在了阿拉伯－伊斯兰文化对"他者"文化的宽容态度上。这种宽容态度，彰显了"阿拉伯固有文化"中调和与多元精神的力量，并在中世纪的百年翻译运动中，得到了最大体现。

---

① 〔美〕希提著《阿拉伯通史》（上），马坚译，商务印书馆，1979，第203页。
② 蔡德贵、仲跻昆著《阿拉伯近现代哲学》，山东人民出版社，1996，第211页。

## 三 对"他者"文化持宽容态度

"生存环境是孕育文化至关重要的因素"，沙漠环境在许多方面都深刻影响了"阿拉伯固有文化"的形成，"沙漠文化的特点是流动性、融合性强"[①]，这种沙漠文化的融合性，使得阿拉伯文化拥有了一种与生俱来的拿来主义精神，使得阿拉伯人在对待"他者"文化时，具有鲜明的宽容精神。

在固有文化时期，尽管外来文化对阿拉伯贝杜因人的影响比较有限，但是仍然有一些外来文化的影响融入"阿拉伯固有文化"。"阿拉伯人对这些外来影响的反应可从若干方面表现出来……在文化上，中东的各种宗教以及它们的一神论原理和道德观念给阿拉伯人带来了一定的文化和文学色彩，并为后来先知穆罕默德使命的成功准备了必要的基础。"[②]

伊斯兰教兴起以后，"阿拉伯固有文化"所孕育的调和与多元精神，也融入了伊斯兰教文化，形成了阿拉伯-伊斯

---

[①] 国少华著《阿拉伯-伊斯兰文化研究——文化语言学视角》，时事出版社，2009，第15页。

[②] 〔美〕伯纳德·刘易斯著《历史上的阿拉伯人》，马肇椿、马贤译，华文出版社，2015，第15页。

兰文化的宽容精神。在《现代汉语词典》中，所谓"宽
容"，是指"宽大有气量，不计较或追究"。阿拉伯－伊斯
兰文化的宽容精神，充分体现在了其社会的包容度上。"伊
斯兰教社会的复杂性，又形成了它的第二个特征——这就是
它的比较宽容的精神。对于欧洲的观察者来说，这点是特别
明显的。和同时代的西方人不同，中世纪的穆斯林感到没有
什么必要把自己的信仰强加于被统治的人民。"①伊斯兰教
兴起后，在阿拉伯帝国对外扩张的进程中，阿拉伯人并没有
将伊斯兰教的信仰强加于所征服地区的人民，在面对世界上
其他宗教时，伊斯兰教是持宽容态度的。"在伊斯兰国家
里，基督教的教堂、修道院林立，似乎不属于政府权力的管
辖，又好像是国中之国，能享受到穆斯林给予的种种权利，
使犹太人和基督教徒能与穆斯林生活在一起，从而出现了一
种中世纪欧洲所不能想象的和睦气氛。犹太教徒与基督教徒
完全有信仰的自由……"②面对信奉其他宗教的人民，阿拉
伯－伊斯兰文化传统中的宽容、调和和多元精神，使得他们
"允许其他人保存宗教的、经济的和学术思想的自由，给予
他们为伊斯兰教文化做出卓越贡献的机会"③。

---

① 〔英〕伯纳·路易著《历史上的阿拉伯人》，马肇椿、马贤译，中国社
会科学出版社，1979，第160页。
② 〔埃及〕艾哈迈德·爱敏著《阿拉伯－伊斯兰文化史》（第二册），朱
凯、史希同译，纳忠审校，商务印书馆，1990，第297页。
③ 〔英〕伯纳·路易著《历史上的阿拉伯人》，马肇椿、马贤译，中国社
会科学出版社，1979，第160页。

正是有了这样的宽容、调和与多元的精神，才奠定了中世纪阿拉伯人以拿来主义的精神全面学习"他者"文化的基础，才会有阿拔斯王朝时期闻名世界的"翻译运动"。

阿拉伯沙漠文化影响下的宽容、多元精神和拿来主义在其整个发展历程中起到了十分关键的影响，正是这种文化上的拿来主义，促成了中世纪的百年翻译运动。所以，"阿拉伯伊斯兰文化的发展和形成过程是一个不断吸收外来文化的过程"①。自倭马亚王朝至阿拔斯王朝，在百年翻译运动过程中，阿拉伯人无论在人文科学、自然科学，思想领域、物质领域，都以开放的心态广泛地吸收、学习外族的文化，将"他山之石"充分地拿来为阿拉伯民族所用。而这种拿来主义并非简单的模仿，尽管"阿拉伯文化所具有的独特的同化能力，往往被人误解为只是一种模仿性"②，但实际上，这种向外族学习的过程，并不是简单的复制。

"阿拉伯人通过近百年（8世纪中至9世纪中）的翻译运动如饥似渴地吸取古代世界各个领域所遗留下来的文化学术成就，但他们并没有满足于从翻译上所取得的知识而驻足不前；相反，他们只是借鉴于古代世界的成就，仅仅把它当作开启未来世界的一把钥匙。"③翻译运动起自倭马亚王

---

① 孙承熙著《阿拉伯伊斯兰文化史纲》，昆仑出版社，2001，第12页。
② 〔美〕伯纳·路易著《历史上的阿拉伯人》，马肇椿、马贤译，中国社会科学出版社，1979，第160页。
③ 孙承熙著《阿拉伯伊斯兰文化史纲》，昆仑出版社，2001，第20页。

朝，最初的翻译活动以自发的个人行为为主，并非在政府统一的组织规划和领导下进行，直到阿拔斯王朝时期，一些重要的学术著作在阿拉伯帝国中央政府的规划下开始有领导、有组织地开展。

沙漠中形成的善于学习、对"他者"文化宽容的精神，使阿拉伯人十分注重向外族学习先进文化，而这种学习并非简单的模仿，而是通过自身创造性的努力将其拿来之后内化在了阿拉伯文化中。中世纪的阿拉伯帝国版图不断扩张，文化上则"十分重视向被征服民族学习"①，阿拔斯王朝时期的麦蒙哈里发为了更好地组织全国的翻译和科研活动，在首都巴格达创立帝国最高学术机构智慧宫，又称"益智馆"或"哲理馆"②，从政治、语言、哲学、数学等各个学科领域学习、研究被征服民族的文化遗产，作品数量译自希腊语的占首位，"其次是古叙利亚语、波斯语、梵语、希伯来语和奈伯特语"③，同时阿拉伯人并不仅局限于翻译，而是通过融会贯通，在吸收他族文化的基础上，创造属于阿拉伯民族的新的文化，缔造了中世纪阿拉伯文化的辉煌。

百年翻译运动中，由于哈里发的重视与支持、阿拉伯文化发展及社会实践的需要，阿拉伯人从波斯翻译学习了大量

---

① 纳忠、朱凯、史希同著《传承与交融：阿拉伯文化》，浙江人民出版社，1993，第173页。

② 孙承熙著《阿拉伯伊斯兰文化史纲》，昆仑出版社，2001，第13页。

③ 孙承熙著《阿拉伯伊斯兰文化史纲》，昆仑出版社，2001，第13页。

语言、文学、历史、哲学、政治等领域的书籍，并在政治上
"仿效波斯人的统治方式，设立大臣、宰相职位，采取波斯
萨珊王朝的管理体制"①；在宗教上"给伊斯兰教染上了波
斯古教的色彩"②；在文学上，"阿拉伯人学习了波斯文，
研读过波斯典籍后，发现其中有很多阿拉伯文及阿拉伯典籍
中没有的优点，从而受到启发，便以全新的感受写出了兼有
两种语言特点和两个民族特色的新作品"；阿拉伯人还十分
喜爱波斯格言，"（波斯格言）遂被阿拉伯人吸收并融于阿
拉伯谚语之中"③；在音乐上，"波斯音乐对阿拉伯音乐也
有很大影响"，阿拉伯人原本只会"赶驼调"，"后来学
习了波斯歌曲和弹唱，阿拉伯音乐才逐渐丰富起来"；阿
拉伯人还学习了波斯人的生活方式，这种改变在阿拉伯语
的词汇中得到了鲜明的体现，阿拉伯人原本只熟悉与游牧
生活有关的事物及生活方式，有关其他生活方式的"食
品、饮料、装饰、娱乐、花卉等方面的词语，大都是从被
征服民族那里学来的，其中以波斯语词汇最能满足阿拉伯
人的需要"④。

---

① 纳忠、朱凯、史希同著《传承与交融：阿拉伯文化》，浙江人民出版
社，1993，第 178 页。
② 纳忠、朱凯、史希同著《传承与交融：阿拉伯文化》，浙江人民出版
社，1993，第 179 页。
③ 纳忠、朱凯、史希同著《传承与交融：阿拉伯文化》，浙江人民出版
社，1993，第 180 页。
④ 纳忠、朱凯、史希同著《传承与交融：阿拉伯文化》，浙江人民出版
社，1993，第 181 页。

　　除了向波斯学习各种文化，拿来为己所用，阿拉伯人还从印度学习了大量文化知识，"印度文化对阿拉伯－伊斯兰文化的影响是多方面的，主要表现在数学、天文学、医学和文学等领域"①；此外，阿拉伯人还继承学习了大量希腊文化遗产，"希腊文化渗透到阿拉伯学术的各个领域，对阿拉伯学术从形式到内容都产生了巨大的影响"，其中"主要是希腊逻辑学的影响"②，同时，在自然科学方面，"阿拉伯人全面、系统地学习了希腊数学、天文学、医学、物理学、力学、地理学等学科的知识"，并在此基础上"对其错误或不当之处，作了补充和修订，并创建了一些新学科、新理论"，阿拉伯人还大量借鉴学习了希腊语言文学方面的知识，"从希腊语中吸收了大量科学术语和一些实用名词"③，"希腊人花了好几百年才发展起来的东西，阿拉伯学者，在几十年内，就把它完全消化了"④。可以说，阿拉伯人广泛而深入地学习、研究了被征服民族的各种文化知识，这种对"他者"文化所持的宽容与调和精神，促成了阿拉伯中世纪百年翻译运动的辉煌，也成就了阿拉伯－伊斯兰

① 纳忠、朱凯、史希同著《传承与交融：阿拉伯文化》，浙江人民出版社，1993，第182页。
② 纳忠、朱凯、史希同著《传承与交融：阿拉伯文化》，浙江人民出版社，1993，第183页。
③ 纳忠、朱凯、史希同著《传承与交融：阿拉伯文化》，浙江人民出版社，1993，第184页。
④ 〔美〕希提著《阿拉伯通史》（上），马坚译，商务印书馆，1979，第357页。

文化历史上的黄金年代。

　　阿拔斯王朝前期是翻译运动最为繁荣的时期，即公元750～850 年间，也是阿拉伯文化的飞速发展时期。这一时期，被译成阿拉伯语的外族精神文明成果达数百部之多。"其中，从希腊语译过来的，包括亚里士多德、柏拉图、希波克拉底、伽里诺思、欧几里得、托勒密等希腊著名哲学家、医学家、数学家、天文学家的著作有 100 多部；从波斯语译过来的有关历史、语言、文学方面的著作约 20 部；从梵语译过来的有关医学、天文学、数学方面的著作约 30 部"①，可以说，当时的阿拉伯民族充分地发挥了拿来主义的精神，将其所能接触到的各族先进智慧成果，大量地翻译、借鉴到了阿拉伯文化中，如同沙漠中的人遇到水源时一般，如饥似渴地吸收各种文化中的养分。

　　通过对外族文化的长期翻译、研究、修订等工作，阿拉伯民族将所能吸收到的文化营养尽数拿来为己所用，站在阿拉伯固有文化集本能、直觉、天赋的自然流露为一体的语言美的基础之上，吸取了希腊文化中的逻辑思维，波斯文化中的实用主义哲学，印度文化中融为一体的格言、哲学及数学理论，针对自身文化学术中的薄弱环节，"又着重研究了希腊古典哲学中的新柏拉图主义，拜占庭的典章制度，罗马法典，古代叙利亚的科学成果，波斯的文学艺术，印度的数

---

　　①　孙承熙著《阿拉伯伊斯兰文化史纲》，昆仑出版社，2001，第 231 页。

学、天文学和中国的造纸、火药、印刷术等"①。正如希提所说，"在伊斯兰教以前的时代，阿拉伯语是诗歌的语言，在穆罕默德之后，阿拉伯语变成了天启和宗教的语言，十世纪刚刚结束，阿拉伯语早已发生空前的新奇变化，变成了一种柔顺的媒介，可以用来表达最高深的科学思想和哲学概念"②。

尽管出身沙漠的阿拉伯人在最初自身文化学术的积累上不如他族的许多文化先进，但沙漠培养了他们面对现实的个性，能够正视自身不足，并在一定的历史机遇中，充分地把握住机会。阿拉伯民族在沙漠文化中所养成的强烈的好奇心，一旦在他们遇到机会的时候，便能与他们所蕴藏的潜能一起迸发，将古代文明中的众多精华一一学习、汲取，拿来为己所用。"阿拉比亚的穆斯林，虽然只有很少的一点科学、哲学和文学的根柢，但是，他们从沙漠里带来了敏锐的感官、强烈的好奇心、难以满足的求知欲和大量的才智潜能，当他们征服或接触更古老、更先进的民族的时候，他们不久就变成了那些古老文化的受益人和继承人。"③他们发挥拿来主义的精神，以宽容和开放的姿态，尽情汲取世界各族文化的丰富营养，创建了属于自己的阿拉

① 孙承熙著《阿拉伯伊斯兰文化史纲》，昆仑出版社，2001，第14页。
② 〔美〕希提著《阿拉伯通史》（上），马坚译，商务印书馆，1979，第369~370页。
③ 〔美〕希提著《阿拉伯通史》（上），马坚译，商务印书馆，1979，第357页。

伯哲学、哈里发行政管理制度等，并在医学、数学、天文
学、物理学、化学等学术领域开辟了属于阿拉伯民族自身的
文化体系。

在这种宽容、调和精神的指导下，阿拉伯民族在发展与
创造文明的历程中，形成了阿拉伯文化必然的多元性与包容
性特征，"阿拉伯文化"已具有了丰富的多样性，"这种文
化是肥沃的新月地区古代闪族文化逻辑的继续，这种古代文
化是亚述人、巴比伦人、腓尼基人、阿拉马人和希伯来人所
创始和发展起来的。西亚的地中海文化的统一性，在这种新
文化里，已登峰造极了"①。

这场始于阿拔斯王朝初期、历时近二百年的翻译运动，
是阿拉伯－伊斯兰文化史上的重要里程碑，它丰富了沙漠中
成长起来的阿拉伯民族的知识与思想，打开了他们了解"他
者"文化的窗口，进一步激发了他们的求知欲望，奠定了阿
拉伯－伊斯兰文化长远发展的基础，铸造了阿拉伯－伊斯兰
文化繁荣灿烂的新时期。不仅如此，翻译运动也是世界文化
史上的重大事件，它沟通并促进了东西方文明的交流，为保
存人类的古代（希腊、罗马、波斯等）文化遗产做出了具有
历史意义的伟大贡献。

出现阿拉伯－伊斯兰文化史上这一史无前例的"黄金时

---

① 〔美〕希提著《阿拉伯通史》（上），马坚译，商务印书馆，1979，第
203页。

代"的原因，除了当时社会的经济、政治因素影响外，很大程度上应该归功于阿拉伯民族传承的固有文化传统中的宽容、调和与多元精神，尤其是对"他者"文化所持的拿来主义精神。正是基于这样的一种宽容、调和的态度，才促成了中世纪阿拉伯民族与外族文化的沟通与交流，并进而同化、接受外族文化，最后达成了阿拉伯－伊斯兰文化的迅速发展与鼎盛繁荣。

在这个文化传承与交融的过程中，阿拉伯民族形成了自身"连贯东西""承上启下"的文化特点，继承了古代世界的优秀文化，并通过自身的发展创新，成就了自身文化的多样性，这种文化"超出了单一种族，或是单一地区，或是单一文化的界限"，在对"他者"文化持宽容精神的影响下，阿拉伯人充分吸收了各族文化的先进养分，因此，"中古盛期的伊斯兰教世界是国际化的、种族多元的、民族多样的，甚至可以洲际连结的"①。

而阿拉伯人对世界文明的贡献，还不止于此。从世界各族先进文化中吸取的养分，在一定的历史时期，又反哺给了世界文明。翻译运动时期的阿拉伯文译本，在公元 12～13世纪被译为拉丁文和各种西方文字，"西方人翻译阿拉伯典

---

① 〔英〕伯纳德·路易斯著《中东：自基督教兴起至二十世纪末》，郑之书译，中国友谊出版公司，2004，第279页。

籍的事业，从公元十二世纪到十五世纪，延续不断，始终不衰"①，这种从阿拉伯文译至西方文字的翻译、学习活动，"对 14 至 16 世纪在欧洲发动的文艺复兴运动起到了催化作用"②，为世界近代文明的兴起做出了重要的文化传承贡献，提供了宝贵有益的经验。

尽管阿拉伯百年翻译运动发生在伊斯兰教诞生后，但这一时期的阿拉伯文化的繁荣与阿拉伯固有文化传统的积累与传承有着极大的关系，这种"无与伦比"的繁荣，"是与贝杜因人潜在的才能有不少关系的"，尽管这一时期的文化是伊斯兰教诞生以后阿拉伯民族所创造的，但不可否认的是，"贝杜因人以原料供给了伊斯兰教"③，百年翻译运动充分体现的是阿拉伯民族的宽容、调和与多元精神，这种精神的源头是阿拉伯固有文化，是沙漠生活培养出来的精神。

世界各族人民所创造的学术与文化，是世界人民共同的精神财富，不必像一国之疆域，有门户划分。一个民族善于打开心灵的窗户，吸收外来的文化，并坦承该文化的渊源，是一种开放的、积极的态度。如果囿于门户之见，对他族文化、思想、学术装聋扮哑，不闻不问，闭关自守，杜绝他族的经验与文化，才是落后与消极的体现。阿拉伯民族在沙漠

---

① 〔埃及〕艾哈迈德·爱敏著《阿拉伯-伊斯兰文化史》（第一册），纳忠译，商务印书馆，1982，第 7 页。
② 孙承熙著《阿拉伯伊斯兰文化史纲》，昆仑出版社，2001，第 22 页。
③ 〔美〕希提著《阿拉伯简史》，马坚译，商务印书馆，1973，第 27 页。

文化中形成的宽容、调和与多元精神，使得他们在历史发展的过程中，能充分借鉴他族文化所长，积极学习各族先进的文化成果，不仅为人类文明的传承做出了贡献，也充分展现了这一文化本身所具有的宽容性与开放性，体现了阿拉伯文化不息的生命力。

实际上，"阿拉伯固有文化"的宽容、调和与多元精神不仅反映在了前述的阿拉伯语语言学特征、好学崇知的价值取向及对"他者"文化所持的宽容上，还体现在了后来兴起的伊斯兰教文化中。在阿拉伯固有文化的基础上，伊斯兰教在公元7世纪兴起。固有文化中的宽容、调和色彩在后来的伊斯兰教文化中得以继承和体现。

世界上的宗教一般都宣扬后世幸福论，东方各民族对现世、来世的观点也各有不同。印度人将对现世困苦的容忍与忍耐归于对来世的期望，他们对现世的痛苦采取忍耐与接受的态度，"在印度与在中世纪欧洲一样，生活于现世是为更好的来世作准备的思想非常强烈"①。而中国人则具有现实主义的倾向，"中国哲学家对于人死后的命运也是非常冷淡的。他们认为探询死后的世界是无用的，因为现世本身尚没有很好理解"②。

---

① 〔日〕中村元著《东方民族的思维方法》，浙江人民出版社，1989，第172页。
② 〔日〕中村元著《东方民族的思维方法》，浙江人民出版社，1989，第170页。

　　而伊斯兰教则有所不同，它既重视今世的生活，又重视追求后世的幸福。《古兰经》中说："你应当借真主尝赐你的财富而营谋后世的乐园，你不要忘却你在今世的定分。"（28：77）伊斯兰教鼓励穆斯林为获得两世的幸福而奋斗不息，并不要求人在今生讲究"出世""超脱"，或今生仅为来世"救赎"，"伊斯兰教的教义体现了宽容性。它对人有一个独特的看法，即：人就是人，不是天使，人是血肉之躯，有七情六欲，人本身被造化为脆弱的，人本身并不完美，所以难免有错。不过，只要人诚心悔改，重新做人，真主还是会宽恕的"①。

　　对于人们在今生现世的生活，伊斯兰教并不倡导"灭人欲，存天理"，而是并不压抑人性、人欲，只是给人性和人欲以合理的定位，要求人们既不纵欲，也不禁欲，而是合情合理，适可而止。伊斯兰教倡导人们既可以通过礼拜和工作信奉，又可以享受人间的各种幸福，实现"两世吉庆"。"（在）伊斯兰看来，吃饭、睡觉、结婚等等，都是人的天性，违背这个天性，不但不是一种善功，反而是对不起真主，对不起家庭，对不起社会的愚蠢之举。再比如'五功'虽是天命义务，但特殊情况下可以变通。……至于天课，穷人不但没有义务，反而能得到它的周济。《古兰经》一再重

----

　　①　马明良著《伊斯兰文化新论》（修订本），宁夏人民出版社，2006，第50页。

申：'真主要你们便利，不要你们困难。'（7：185）"①

既要追求来世的幸福，也要把握今生的修行。正如艾哈迈德·爱敏所说，"伊斯兰教重视人生，反对弃绝现实生活，反对出家修行，提倡自食其力，反对独身主义，反对不劳而食"②。伊斯兰教提倡人们要珍惜现世的生活，追求现世的幸福，但又不像中国人很少思考来世的命运，同时伊斯兰教提醒人们更要追求后世的幸福。《古兰经》讲："谁想获得今世的报酬，我给谁今世的报酬，谁想获得后世的报酬，我给谁后世的报酬。"（3：145）《古兰经》提醒人们，今世是美好的，要努力追求今世的幸福，但今世的幸福是短暂的，不要贪生忘义，在末日来临时所有人都要面临安拉的审判和清算，而后世的理想归宿是天园，恐怖所在即火狱，只有虔信行善的人才可进入天园，获得后世的幸福。阿拉伯人"和同时代的西方人一样，他们深信到了审判日，那些违反他们信仰的人都要遭到火狱的刑罚。但是，他们又和西方人有区别，认为在今世没有什么期待神圣审判的必要"③。

追求来世一般会导向如印度人一般的出世倾向，追求今

---

① 马明良著《伊斯兰文化新论》（修订本），宁夏人民出版社，2006，第51~52页。

② 〔埃及〕艾哈迈德·爱敏著《阿拉伯-伊斯兰文化史》（第一册），纳忠译，商务印书馆，1982，第13页。

③ 〔英〕伯纳·路易著《历史上的阿拉伯人》，马肇椿、马贤译，中国社会科学出版社，1979，第160页。

世则倾向中国人的现实态度，伊斯兰教在消极出世与积极入世两种截然相反的生活态度上，采取了调和的态度，倡导兼顾今世与来世追求的两世主义。这种"两世吉庆"的精神与"阿拉伯固有文化"的调和精神传统有着密切的关系。

结　论

　　沙漠、部落、游牧是"阿拉伯固有文化"最鲜明的三个属性。在阿拉伯半岛的沙漠上，为适应荒凉、贫瘠的环境，不断进行迁徙的、逐水草而居的阿拉伯贝杜因人，以部落、氏族为单位，应对环境带来的各种挑战，创造出了自身独特的民族文化。

　　部落的社会组织形式建立在血缘的基础之上，血缘与宗谱是沙漠部落中的阿拉伯贝杜因人最重视的价值原则。无论在面对自然环境的挑战，还是沙漠中部落之间的争斗时，部落、氏族成员之间的血缘关系都是每一个成员最重要的依靠。如果失去了部落、氏族的庇护，个人将无法生存。由于资源的有限，外人与敌人成了同义词；对于血缘的重视，使得阿拉伯贝杜因人喜欢夸耀各自宗谱的纯正与高贵，宗派主义成为"阿拉伯固有文化"根深蒂固的特征之一。

　　游牧的生产劳作方式使阿拉伯贝杜因人在被动地"靠天吃饭"的同时，懂得了朋友的可贵，对"内"要慷慨以待，并且要敢于牺牲；对"外"则要敢于劫掠，勇于征伐。终日驰骋于广袤沙漠的自由自在的游牧生活，也培养了阿拉伯贝杜因人热爱自由、不受拘束的个性，使他们在遇到外族的压迫时拼劲反抗，这种自由不羁的精神与对待外族的牢不可破的好战心理、对待朋友崇尚慷慨的价值观，突出地展现了游牧文化影响下的阿拉伯民族独特的豪侠精神。

　　极端的沙漠环境养成了阿拉伯民族性格中具有两重性的许多特征，我们不难看到，阿拉伯民族具有乐观、豁达、坚韧等特点，但同时他们也具备这些特征的反面，如消极、宿命等。极端的沙漠环境不仅教会了他们要勇敢地面对现实，重视行动力、勤俭生活，然而当大自然的魔力与灾祸的不可预期性打败了人类的承受力时，他们也不可避免地会产生散漫、消极、厌世的情绪和及时行乐的享乐主义精神。沙漠虽然未能培养阿拉伯贝杜因人在其时代先进的文明与文化，但培养了他们牢固的对"他者"文化的拿来主义精神。本着拿来主义的精神，他们在一旦遇到合适机会的时候，充分地发挥了自身的好奇心与求知欲，广泛地学习、吸收了各族的先进文化，创造了自身文化的辉煌与繁荣，形成了具有多元特色的、极具包容性、开放性和调和色彩的阿拉伯文化。

　　创造了阿拉伯文化的阿拉伯民族在人类文明历史上发挥了极大的作用和重要性。中世纪时期，这个民族曾征服了当时大部分的文明世界，建立了一个横跨亚、非、欧的帝国。而且，"（中世纪的）阿拉伯人所建立的，不仅是一个帝国，而且是一种文化"，这种文化"继承了在幼发拉底河、底格里斯河流域、尼罗河流域、地中海东岸盛极一时的古代文明，又吸收并且同化了希腊 - 罗马文化的主要特征，并且这种文化在后来传播到了欧洲，并带来了深刻的影响，唤醒了西方世界，使欧洲走上了近代文艺复兴的道路"①。 在中世纪时代,"任何民族对于人类进步的贡献,都比不上阿拉比亚人和说阿拉伯话的各族人民"②。

阿拉伯文化传统的内涵丰富,不仅继承了世界古代文明的精髓,连贯了东西方思想文化的交流,也展现了阿拉伯民族的许多优良、深湛的性格与品质。阿拉伯文化在当今世界多元文化格局中,占有醒目的地位。

"阿拉伯固有文化"在阿拉伯 – 伊斯兰文化传统中居于最深层,是阿拉伯 – 伊斯兰文化传统中最底层的积淀。它对于阿拉伯人的价值观、文化心理、社会心态有着深远的影响。本书从古代阿拉伯人所处的社会组织(部落)、生产方式(游牧)、自然环境(沙漠)三个方面,分别对古代阿拉伯人在人与社会、人与自身、人与自然三个维度上的关系进行了分析和梳理,探讨了"阿拉伯固有文化"中宗派主义、豪侠精神、发散式思维与散漫性格、享乐主义与乐观精神、现实主义与务实精神、调和与多元精神六个方面的特征及体现。

与固有文化相对应的另一个阿拉伯 – 伊斯兰文化传统,是伊斯兰教文化。伊斯兰教是阿拉伯 – 伊斯兰文化中的核心元素,伊斯兰教在固有文化的基础上兴起,从时间的纵轴上看,二者具有先后传承的关系,然而,在一些具体的价值导

---

① 〔美〕希提著《阿拉伯简史》,马坚译,商务印书馆,1973,第 8 页。
② 〔美〕希提著《阿拉伯通史》(上),马坚译,商务印书馆,1979,第 2 页。

向上，二者却存在着悖论式的矛盾。

伊斯兰教所倡导的许多文化价值观，与"蒙昧时代"的贝杜因人所创造的固有文化的价值取向截然不同。诚如艾哈迈德·爱敏所说，"伊斯兰教兴起，曾揭示出新的教训，引导阿拉伯人至生活的一种最高典型，这最高典型，完全与蒙昧时代的生活相违背"[①]，以至于"伊斯兰教时代和蒙昧时代的阿拉伯人，对于人生最高行为的准则，不惟不相似，而且很相反。如匹夫之勇、无节的豪侠、过分的慷慨、宗族的狭隘、血仇"都是"蒙昧时代"的阿拉伯人所认同的最高行为标准，而"伊斯兰教所认为的最高德行却是：敬事安拉、顺服主命、遵守教律、忍耐、放弃个人的和宗族的利益，服从宗教的利益，乐天知足、不矜夸、不聚敛、不骄傲"[②]。因此，随着历史的发展，阿拉伯 – 伊斯兰文化传统在价值观的许多方面，呈现互为悖论的取向，体现着鲜明的两重性特征。

这种两重性特征，实际上在固有文化内部已有清晰的体现，如宗派主义与个人主义、享乐主义与节欲自制等，这与孕育"阿拉伯固有文化"的沙漠环境具有极大关系。沙漠环境单调，阿拉伯人"更能直接地感受自然界中对立

---

① 〔埃及〕艾哈迈德·爱敏著《阿拉伯 – 伊斯兰文化史》（第一册），纳忠译，商务印书馆，1982，第146页。

② 〔埃及〕艾哈迈德·爱敏著《阿拉伯 – 伊斯兰文化史》（第一册），纳忠译，商务印书馆，1982，第83页。

的现象"①，"这样的自然现象使古代阿拉伯人首先对自然
界中二元对立的现象有着充分的体认，并继而认识到共同存
在的可能性和必要性"②，在这样的环境影响下，阿拉伯人
的固有文化中，形成了根深蒂固的调和色彩，"许多看似矛
盾的性格同时出现在他们身上，他们时而睚眦必报，时而宽
容大度；时而无所畏惧，时而小心谨慎；时而豪爽待客，时
而苛刻悭吝"③。这种调和色彩深存于"阿拉伯固有文化"
中，并随着历史的传承不断延续，在伊斯兰教兴起后，经历
了新的发展。除了"两世吉庆"的价值取向，这种二元调和
的精神，还体现在阿拉伯－伊斯兰文化的许多具体细节上。
如《古兰经》的"筵席章"中有这样的经文："我在《讨拉
特》中对他们制定以命偿命，以眼偿眼，以鼻偿鼻，以耳偿
耳，以牙偿牙；一切创伤，都要抵偿。自愿不究的人，得以
抵偿权自赎其罪愆。凡不依真主所降示的经典而判决的人，
都是不义的。"（5：45）从这段经文可以看出，一方面，经
文明确了"杀人者偿命"这样的教法，若不遵守，就是犯罪；
另一方面，经文也明确指出如果能够自愿宽恕他人对自己所犯
的罪恶，这种宽恕将得到真主的认可，为他消除过去自己所犯

---

① 吴旻雁著《中庸与调和——儒家和阿拉伯伊斯兰思想的比较研究》，
　　昆仑出版社，2015，第 7 页。
② 吴旻雁著《中庸与调和——儒家和阿拉伯伊斯兰思想的比较研究》，
　　昆仑出版社，2015，第 7 页。
③ 吴旻雁著《中庸与调和——儒家和阿拉伯伊斯兰思想的比较研究》，
　　昆仑出版社，2015，第 8 页。

的罪。也就是说，面对仇敌，或报复或宽恕，二者皆可，并没
有定规其一，清晰地体现了价值上二元调和的色彩。

在宽容、调和与多元精神的影响下，阿拉伯－伊斯兰文
化得以在发展的过程中，以好学、崇知的态度不断吸取他者
文化的精华，呈现多元化的文化特征。而随着文化的传承与
发展，"阿拉伯固有文化"的调和与多元精神，直到今天，
仍然鲜活地存在于阿拉伯人的民族性格中。

在当代，阿拉伯－伊斯兰文化的发展面临传统与现代的
矛盾，如何更好地发扬这种宽容、调和与多元的精神，也许
正是阿拉伯－伊斯兰文化传统在当代应对现代化问题的最根
本、最彻底的出路。阿拉伯－伊斯兰文化的前途，或许应该
以一种建设性的方式，肯定文化传统的稳定性，包容文化悖
论的可能性，通过倡导从整体上辩证地扬弃传统，来"主张
历史和哲学既是知识体系演进也是阿拉伯文化推理方式的关
键，试图标绘一条迈向现代性的路线图"①。

我们相信，面对传统与现代化矛盾问题的挑战，当代阿
拉伯－伊斯兰文化完全具备充分的自主阐释及应对的能力，
在"以阿为主"的文化自信的基础上，发扬自身文化传统中
的调和与多元精神，实现传统与现代化的和谐发展。

---

① 转引自 Al-Jabri, M. A., *The Formation of Arab Reason: Text, Tradition and the Construction of Modernity in the Arab World*, I. B. Tauris & Company, 2010, 见〔瑞典〕兰迪·Z. 肖爱、房晓晖、叶克林《理解中东阿拉伯文化中的悖论》，《学海》2013 年第 4 期，第 25～33 页。

参考文献

1.《中文译解古兰经》，马坚译，法赫德国王古兰经印制厂，中国社会科学出版社，1987。

2.〔英〕阿诺德·汤因比著《历史研究》，刘北成、郭小凌译，上海人民出版社，2000。

3.〔美〕爱德华·萨丕尔著《语言论》，陆卓元译，陆志韦校订，商务印书馆，2005。

4.〔埃及〕艾哈迈德·爱敏著《阿拉伯-伊斯兰文化史》（第一册），纳忠译，商务印书馆，1982。

5.〔埃及〕艾哈迈德·爱敏著《阿拉伯-伊斯兰文化史》（第二册），朱凯、史希同译，纳忠审校，商务印书馆，1990。

6.〔埃及〕艾哈迈德·爱敏著《阿拉伯-伊斯兰文化史》（第三册），向培科、史希同、朱凯译，纳忠审校，商务印书馆，1991。

7.〔英〕伯纳·路易著《历史上的阿拉伯人》，马肇椿、马贤译，中国社会科学出版社，1979。

8.〔美〕伯纳德·刘易斯著《历史上的阿拉伯人》，马肇椿、马贤译，华文出版社，2015。

9.〔英〕伯纳德·路易斯著《中东：自基督教兴起至二十世纪末》，郑之书译，中国友谊出版公司，2004。

10. 蔡德贵著《阿拉伯哲学史》，山东大学出版社，1992。

11. 蔡德贵主编《当代伊斯兰阿拉伯哲学研究》，人民出版社，2001。

12. 蔡德贵、仲跻昆著《阿拉伯近现代哲学》，山东人民出版社，1996。

13. 蔡伟良、周顺贤著《阿拉伯文学史》，上海外语教育出版社，1998。

14. 曹卫东著《权力的他者》，上海教育出版社，2004。

15. 陈国强主编《简明文化人类学词典》，浙江人民出版社，1990。

16. 〔瑞士〕费尔迪南·德·索绪尔著《普通语言学教程》，商务印书馆，2007。

17. 郭应德著《阿拉伯史纲》，经济日报出版社，1997。

18. 国少华著《阿拉伯－伊斯兰文化研究——文化语言学视角》，时事出版社，2009。

19. 〔埃及〕哈桑·哈乃斐著《传统与更新》，安格鲁出版社，1980。

( د. حسن حنفي، التراث والتجديد- موقفنا من التراث القديم، مكتبة الأنجلو المصرية،1980)

20. 〔埃及〕哈桑·哈乃斐、〔突尼斯〕阿布·也阿里布·马尔祖各著《知与行》，当代思想出版社，2003。

( د.أبو يعرب المرزوقي،د.حسن حنفي، النظر والعمل، دار الفكر المعاصر،2003)

21. 〔黎巴嫩〕汉纳·法胡里著《阿拉伯文学史》，郅溥浩译，宁夏人民出版社，2008。

22. 〔英〕赫·乔·韦尔斯著《世界史纲》（下卷），吴文藻、谢冰心、费孝通等译，广西师范大学出版社，2001。

23. 金宜久主编《伊斯兰教史》，江苏人民出版社，2006。

24. 金宜久、吴云贵著《伊斯兰与国际热点》，东方出版社，2002。

25. 〔美〕康拉德·菲利普·科塔克著《文化人类学：欣赏文化差异》，周云水译，中国人民大学出版社，2012。

26. 寇巧真著《古阿拉伯生活》，汕头大学出版社，2009。

27. 李鹏程主编《当代西方文化研究新词典》，吉林人民出版社，2003。

28. 李绍先、王灵桂著《一脉相传阿拉伯人》，时事出版社，1997。

29. 李小兵著《现实主义：西方行为的根源》，黑龙江教育出版社，1996。

30. 〔美〕理查德·尼斯贝特著《思维的版图》，李秀霞译，中信出版社，2006。

31. 〔美〕鲁思·本尼迪克特著《菊与刀》，吕万和、熊达云、王智新译，商务印书馆，2005。

32. 〔法〕路易·加迪等著《文化与时间》，郑乐平、胡建平译，顾晓鸣校，浙江人民出版社，1988。

33. 陆培勇、陆怡玮编著《阿拉伯古代文学作品研究》，上海外语教育出版社，2006。

34. 马福元编《马克思恩格斯论阿拉伯文化》，民族出版社，2005。

35. 马丽蓉著《中东国家的清真寺社会功能研究》，时事出版社，2011。

36. 马明良著《伊斯兰文化新论》（修订本），宁夏人民出版社，2006。

37.〔阿联酋〕穆罕默德·本·拉希德·阿勒马克图姆著《我的构想——迎接挑战 追求卓越》，张宏、薛庆国等译，外语教学与研究出版社，2007。

38.〔埃及〕穆罕默德·胡泽里著《穆罕默德传》，宁夏人民出版社，1983。

39. 纳忠著《阿拉伯通史》（上、下），商务印书馆，1997、1999。

40. 纳忠、朱凯、史希同著《传承与交融：阿拉伯文化》，浙江人民出版社，1993。

41. 彭树智主编《伊斯兰教与中东现代化进程》，西北大学出版社，1997。

42. 彭树智主编，王铁铮、黄民兴等著《中东史》，人民出版社，2010。

43. 钱学文著《简明阿拉伯伊斯兰史》，宁夏人民出版社，2005。

44. 秦惠彬主编《伊斯兰文明》，中国社会科学出版社，1999。

45.〔约旦〕沙基尔·那不勒斯著《当代阿拉伯世界无

形的牢笼》，贝鲁特：阿拉伯研究与出版集团，2007。

(شاكر النابلسي، سجون بلا قضبان يحدث في العالم العربي الآن،الموسسة العربية للدراسات والنشر،2007.)

46. 时蓉华主编《社会心理学词典》，四川人民出版社，1988。

47. 孙承熙著《阿拉伯伊斯兰文化史纲》，昆仑出版社，2001。

48. 王有勇著《阿拉伯古代文学批评史》，上海外语教育出版社，2014。

49. 〔美〕威廉·A. 哈维兰著《文化人类学》，瞿铁鹏、张钰译，上海社会科学院出版社，2006。

50. 〔德〕威廉·冯·洪堡特著《论人类语言结构的差异及其对人类精神发展的影响》，钱敏汝译，陕西人民出版社，2006。

51. （古阿拉伯）乌姆鲁勒·盖斯等著《悬诗》，王复、陆孝修编译，五洲传播出版社，2015。

52. 吴昊雁著《中庸与调和——儒家和阿拉伯伊斯兰思想的比较研究》，昆仑出版社，2015。

53. 吴云贵、周燮藩著《近现代伊斯兰教思潮与运动》，社会科学文献出版社，2007。

54. 〔美〕小阿瑟·戈尔德施密特、劳伦斯·戴维森著《中东史》，哈全安、刘志华译，东方出版中心，2010。

55. 〔美〕西·内·费希尔著《中东史》（上、下），姚梓良译，商务印书馆，1979。

56.〔美〕希提著《阿拉伯简史》，马坚译，商务印书馆，1973。

57.〔美〕希提著《阿拉伯通史》（上、下），马坚译，商务印书馆，1979。

58. 许烺光著《宗族、种姓与社团》，黄光国译，台北南天书局，2002。

59. 乐黛云、叶朗、倪培耕主编《世界诗学大辞典》，春风文艺出版社，1993。

60. 杨军、张士东著《阿拉伯人》，东方出版社，2008。

61.《马克思恩格斯全集》（第 3 卷），人民出版社，1960。

62. 张宏主编《当代阿拉伯研究》（第 2 辑），宁夏人民出版社，2009。

63. 赵国忠主编《简明西亚北非百科全书（中东）》，中国社会科学出版社，2000。

64.〔日〕中村元著《东方民族的思维方法》，浙江人民出版社，1989。

65. 仲跻昆著《阿拉伯文学通史》（上、下），译林出版社，2010。

66. 周烈、蒋传瑛著《阿拉伯语与阿拉伯文化》，外语教学与研究出版社，1998。

67.〔日〕竹内敏雄主编《美学百科辞典》，刘晓路、何志明译，湖南人民出版社，1988。

68. 朱立才著《汉语阿拉伯语语言文化比较研究》，新世界出版社，2004。

69. 朱威烈主编《国际文化战略研究》，上海外语教育出版社，2002。

70. د. حسن حنفي ،التراث والتجديد– موقفنا من التراث القديم، مكتبة الأنجلو المصرية، 1987.

71. د. حسن حنفي\د. أبو يعرب المرزوقي ، النظر والعمل ، دار الفكر المعاصر، 2003.

72. د.شاكر النابلسي، سجون بلا قضبان يحدث في العالم العربي الآن،المؤسسة العربية للدراسات والنشر، 2007.

73. فارح مسحي ، الحداثة في فكر محمد أركون، الدار العربية للعلوم– ناشرون،بيروت، 2006.

74. لوك باريو لسكو ، فيلب كاردينال، رأيهم في الإسلام – حوار صريح أربعة وعشرين أديبا عربيا، تعريب: ابن منصور العبد الله، دار الساقي ، لندن ، 1987.

75. المؤتمر الدولى الأول للفلسفة الإسلامية(الفلسفة الإسلامية والتحديات المعاصرة1996 إبريل20-22 )،قسم الفلسفة الإسلامية ، كلية دار العلوم ، جامعة القاهرة.

76. د. محمد عمارة ،تيارات الفكر الإسلامي، دار الشروق، القاهرة، 2008.

77. د. محمد عمارة ، مسلمون ثوار، دار الشروق، القاهرة، 2006.

78. د. مصطفى النشار ، ثقافة التقدم وتحديث مصر ، الدار المصرية السعودية ، 2005.

79. د. يوسف عز الدين، تراثنا والمعاصرة ، دار الإبداع الحديث للنشر، 1987.

后　记

博士阶段十分有幸师从史希同教授，在恩师的指引下，我对阿拉伯民族性、阿拉伯深层文化的研究一直持有浓厚的兴趣。自那时起，我就一直有一个愿望，想要做一点关于阿拉伯固有文化的专题研究。

固有文化是阿拉伯文化中的深层文化，它是阿拉伯-伊斯兰文化传统中的传统，它早于伊斯兰教文化，对阿拉伯-伊斯兰文化有着至深的影响。然而，今天当我们谈起阿拉伯-伊斯兰的文化传统时，固有文化的部分往往会被忽略，通常人们把阿拉伯-伊斯兰文化传统简单地等同于伊斯兰文化了。但是，在研究阿拉伯民族性的过程中，如果将固有文化的部分忽略，势必会对正确认识和理解这一民族的性格、文化传统产生局限，因为，阿拉伯固有文化与伊斯兰文化这两个部分的传统所倡导的价值观，在许多方面、很大程度上具有悖论式的差异，正如艾哈迈德·爱敏在其《阿拉伯-伊斯兰文化史》中所说，"伊斯兰教时代和蒙昧时代的阿拉伯人，对于人生最高行为的准则，不惟不相似，而且很相反"，如此，对于阿拉伯固有文化尤其是固有文化中倡导的价值观的专题梳理研究，就显得十分必要而迫切。

阿拉伯固有文化是一个宏大的课题，这项研究前辈们已经有了很深的积累。我身为晚辈，学识尚浅，斗胆梳理这一课题必定致挂一漏万。本书有诸多不足，恳请各位师长与同行指正。

本书的出版要特别感谢社科文献出版社的高明秀老师、

仇扬老师，如果没有她们的鼓励与帮助，这本书不会顺利出版。 还要特别指出的是，本书的部分内容，曾经在世界知识出版社 2014 年出版的《世界大国文化外交：阿拉伯国家卷》的第一章本人执笔的内容中发表过，在此也特别向世界知识出版社的刘豫徽编辑表示衷心的感谢。

肖　凌

2017 年 9 月

**图书在版编目（CIP）数据**

阿拉伯固有文化研究／肖凌著. -- 北京：社会科
学文献出版社，2017.12
　　ISBN 978 - 7 - 5201 - 1740 - 1

　　Ⅰ.①阿…　Ⅱ.①肖… 　Ⅲ.①文化史 - 研究 - 阿拉伯
国家　　Ⅳ.①K371.03

　　中国版本图书馆 CIP 数据核字（2017）第 273175 号

## 阿拉伯固有文化研究

著　　者／肖　凌

出 版 人／谢寿光
项目统筹／高明秀
责任编辑／仇　扬　陈旭泽

出　　版／社会科学文献出版社·当代世界出版分社（010）59367004
　　　　　　地址：北京市北三环中路甲 29 号院华龙大厦　邮编：100029
　　　　　　网址：www. ssap. com. cn
发　　行／市场营销中心（010）59367081　59367018
印　　装／北京季蜂印刷有限公司

规　　格／开本：880mm × 1230mm　1/32
　　　　　　印 张：6.375　字 数：120 千字
版　　次／2017 年 12 月第 1 版　2017 年 12 月第 1 次印刷
书　　号／ISBN 978 - 7 - 5201 - 1740 - 1
定　　价／49.00 元